幼児のゲーム＆あそび ⑤
先生の言葉かけで進める
3・4・5歳児の室内・室外ゲーム70

日本創作ゲーム協会 編著

黎明書房

はじめに

　鬼ごっこ，メンコ，ビー玉，お手玉，おはじき……，ひと昔前によく遊ばれたものです。

　これらの遊びは，どれをとっても手，腕，指，身体全体を使っています。最近の遊びはといいますと，ゲーム機の普及によって，遊びが小さくなり，ほとんど身体を動かさなくなったといっても過言ではありません。機械に振り回され，自然との出あいが少なくなりました。

　これでいいのでしょうか？

　もう一度，遊びの原点に戻って考えてみましょう。身近で，しかも自然を取り戻す遊びこそ，真の遊びだと思うのです。

　本書では，先生方の言葉かけの参考になるよう，ゲームの説明や進め方は，子ども達への言葉かけの形になっています。

　この本の活用を願ってやみません。

著　者

もくじ

はじめに 1

I　3,4歳児のゲーム ——— 5

1　怪じゅう退治 6
2　足あとピッタリ 8
3　この丸　なあに 10
4　鼻ひき 12
5　ごろごろいも虫 14
6　ぼくは飛行機だ 16
7　大きい小さい 18
8　おしりずもう 20
9　箱を見て 22
10　楽しくかけよう 24
11　だれが大きいか 26
12　カニがはさむぞ 28
13　早くこいこいお舟さん 30
14　大きな鳥　小さな鳥 32
15　まほうのめがね 34
16　さて　何でしょう 36
17　小さいだんご　大きいだんご 38
18　かくれんぼ水鉄砲 40
19　だれのが長い？　だれのがじょうぶ？ 42
20　亀の子ハイハイ 44

もくじ

- 21 新聞マント 46
- 22 幕のトンネル 48
- 23 笑うのなしよ 50
- 24 まだまだ もうすぐ やったー 52
- 25 入り口はどこだろう 54
- 26 お手々に合わせて１，２の３ 56
- 27 空中自転車乗り 58
- 28 目かくしワンワン 60
- 29 紙人間 62
- 30 たまご運び 64
- 31 新聞ロボットの行進だい 66
- 32 人形さん 起きなさい 68
- 33 手をあげて 70
- 34 くすぐりっこ 72
- 35 床プール 74

II　5，6歳児のゲーム ―――― 77

- 1 お手々ケン玉 78
- 2 飛行機あそび 80
- 3 違いくらべ 82
- 4 鼻紙 84
- 5 ジャンボパチンコ 86
- 6 お弁当まわし 88
- 7 ヒヨコになりましょう 90
- 8 粘土ペタンコ 92
- 9 鬼はさみ 94
- 10 王様じゃんけん 96

11　タッチ　ダンス　98
12　人間輪投げ　100
13　しょうぎ倒し　102
14　ぼうしをちょうだい　104
15　わたしのことばを聞いとくれ　106
16　洋服部屋飾り　108
17　ニュートンのお豆　110
18　電車　112
19　お米はおどる　114
20　ヒップボール　116
21　怪じゅうゴミラ　118
22　折り紙重ね切り　120
23　くださいな　122
24　そろり箱　124
25　忘れっこなしよ　126
26　グルグルまき　128
27　トンガリぼうや　130
28　ロード　ローラー　132
29　どちらが多く知ってるか　134
30　バリ　バリ　バリ　136
31　お目々でモグモグ　138
32　動物輪投げ狩り　140
33　お月さまあがった　さがった　142
34　タコの上でタコ釣り　144
35　楽器あてゲーム　146

I

3,4歳児のゲーム

1　怪じゅう退治

絵に描いた怪じゅうを，手でたたいて退治する遊びです。

「ここに怪じゅうの絵があります。」
「この絵を机の上に置きます。」
「この絵を片手で，ぽんと打ってみてください。すると，怪じゅうは，『ぎゃあ』と鳴きますよ。」
「うそじゃありませんよ。だれかやってみてください。」

　子どもが絵をたたいたら，先生が怪じゅうになって，大げさに「ぎゃあ」とさけびます。

　「すごい力持ちですね。ぽんと打っただけで，怪じゅうは，ものすごい声を出して倒れてしまいました。」

「では，先生のかわりに，怪じゅうの声を，やってくれる人はいませんか。」

子どもたちに，順に怪じゅう役を，やってもらいます。

● 先生とお母さんへ ●

次のようにすると，もう少し複雑な遊びになります。
① 怪じゅうの絵のまわりに近よって，片手を次々に絵の上にのせていきます。
② その手の山を，別の1人の子が，先生の笛の合図でたたきます。手を早く抜かないと打たれてしまいます。
③ みんなが手を抜くと，怪じゅう絵に手が当たり，退治することになります。

手をたたく子は，手の上の方をねらわないで，机の上まで振りおろすようにさせてください。

拡大コピーして使って下さい。

2 足あとピッタリ

足あとの絵を描き，その絵を壁にはって自分の足を重ねる遊びです。

「小さく切った画用紙に，絵の具で足あとを1つ描いてみましょう。そして，きれいに色をぬってください。」

「足の裏がよくわからなかったら，自分やお友だちの足の裏をよく見て描きましょう。」

「1つ描けたら，もう1枚画用紙をあげますから，反対の足の裏も絵に描いてください。」

「1人2枚ずつ描けたら，セロハンテープで，お部屋の壁にはりましょう。」

「さあ，壁いっぱいに足あとがつきましたね。みんな，こちらの線に並んでください。」

I　3，4歳児のゲーム

「ピーッと笛が鳴ったら，壁の前まで走っていって，ゴロンとねころんでください。そして，自分の両足を足あとの上に重ねます。」

「どの足あとでもいいですよ。」

● 先生とお母さんへ ●

画用紙は15センチ四方くらいにします。

大きな紙を用意して，みんなで，たくさんの足あとを描いてもいいでしょう。

足あとの絵は，床から40〜50センチぐらいの高さのところにはってください。

足と足あとを重ねるときは，自分の描いた足あとにこだわる必要はありません。

4歳児の場合は，足あとの絵を1枚少なくして，片足しか重ねられない子どもができるようにしてもいいでしょう。

走り，転がり，いろいろの方向に足を伸ばして動き回る，そのかっこうのおもしろさが楽しめます。

3 この丸　なあに

　先生が，黒板に大きな丸を描きます。この丸からイメージを広げて，絵を描きたしていく遊びです。

「この丸，何に見えますか？」
「こうして，そばに雲を描いたら……。」
「そう，お月様ですね。」

「では，雲を消して，また，丸だけにして……。」
「こんどは，何にすると思う？」
「こうして，目と口を描くと……。」
「ほうら，笑った顔になりました。」

「では，また。元の丸だけにして，こんどはなんでしょう？」
「こうして点々を入れたら……。」
「みかんになりました。」

「また，元の丸にかえして，こんどは何かしら？」
「こうして，棒や丸をたしていくと……。リンゴになったり，顔になったり，ほら，ブタさんにも，なりましたね。」

「では，次は，こうして，もう1つ，隣に丸を描いて，棒を引っぱると……。」
「おやおや，めがねになりました。」

Ⅰ　3，4歳児のゲーム

先生とお母さんへ

　これは，1つの形態からイメージを広げる，連想遊びです。

　ある特定のイメージが出ると，それに，とらわれてしまいがちになりますので，まったく違ったイメージを，子どもたちに，与えるようにします。

　基本の形態から連想できる，いろいろな解答を，あらかじめ，たくさん用意しておきます。

　子どもたちの感じるイメージと，がらりと違うものを描き，1つのものから，意外なものが，たくさん描けることを知らせます。

　最終的には，丸からめがね，自転車，UFOというように，スケールを大きくしていき，元の形態が，大きなものの一部になるように，発展させてください。

4　鼻ひき

　　紙テープを，50センチくらいに切ったものを，あらかじめ，子どもたちの人数分，用意しておきます。

　子どもたちの前で，紙テープを1本手に取ります。
　「これは紙テープですね。この紙テープの両端にセロハンテープをつけます。そして，片方を自分の鼻の頭につけて，もう片方に，何か軽いものをつけて，引っぱってみますよ。うまくいくかな？」
　プラスチックの積木，新聞紙などを，子どもたちの前で，ぶらさげてみせてください。

　「うまくいきましたね。やってみたい人，いますか？」
　ほぼ，全員の手があがるはずです。子どもたちに，セロハンテープをつけた紙テープを，くばります。

　「何も引っぱるものがない人は，紙に絵を描いてもいいですよ。お山の絵をかいて，お山を引っぱってもいいし，怪じゅうを引っぱってもいいですよ。」
　手頃な大きさの画用紙を用意しておき，お絵描きをうながします。

　消極的な子どもには，次のようにいってみるといいでしょう。
　「あら，あなたは何も引っぱるものがないの？　じゃあ，先生を引っぱってみますか。はい，先生の手を，はりつけましたよ。ゆっくり引っぱってみてください。」

I　3，4歳児のゲーム

　子どもが引っぱりはじめたら，「あっ，みんな見て，○○ちゃんが，先生を引っぱっていきますよ」と，テープが取れないように，先生も前進します。

先生とお母さんへ

　紙テープの両端を2人の鼻の頭に，はりつけて，引っぱりっこをしてもいいでしょう。取れてしまった方を，負けとします。

　鼻は油ですべりやすいので，セロハンテープは，大きめに切ってあげてください。

　ガムテープやビニールテープの方が，よくつきますが，粘着力が強すぎるものは，肌荒れを起こすことがありますので，事前によく確認してください。

　鼻の頭にテープをつけるのを，子どもが嫌がるようでしたら，額などにつけるようにしても，よいでしょう。

5　ごろごろいも虫

　手足を伸ばして，横に転がる遊びです。障害物のないスペースを，確保しておこないます。

　「みんな，床の上にねころんでみましょう。先生が，タンバリンをたたいたら，右の方へ，ごろごろ，ごろごろ，転がってみてください。右はどっちですか？　そうですね。では，はじめますよ。」
　「はい，やめ。よくできました。」
　子どもたちの様子をよくみて，ぶつかり合うことのないように，早めにとめます。

　「では，次は5人ずつ1列に並んで，横に長く寝てみましょう。タンバリンが鳴ったら，さっきと同じように，転がっていきます。途中でタンバリンが2回鳴ったら，反対に転がって，元の場所に戻ってくるんですよ。」
　転がる距離が長くなりますので，スペースに合わせて人数を調整してください。かなり曲がってしまった子どもには，途中で方向を見なおすよう，声をかけます。
　順番をまっている子どもたちに，声で誘導させるようにしてもよいでしょう。

　「では，こんどは転がり競争をしてみましょう。ここに粘土のおだんごがあります。これを向こうの方に置きますから，先生が『用意，ドン』といったら，こちらから転がっていって，おだんごをひろって，ま

た，転がって，ここまで帰ってきましょう。」

　さきほどと同じように，スペースに合わせて1度に転がる人数を，調整してください。

先生とお母さんへ

　十分なスペースがあるときは，途中で，走ったり，暗幕の下をくぐったりさせて，コースに変化をつけてください。

　意識せずに転がると，どうしても頭の部分が大きく回りますので，自然に足の方向に曲がってしまいます。

　転がる距離が長いときは，途中でもう1度，方向を見さだめることを指導してください。

　手は頭の方に伸ばして，からだを回転しやすくさせてください。

　目を閉じて転がると，回転していることへの反応が鈍くなりますので，かならず目を開いて転がるようにします。

6　ぼくは飛行機だ

　腹ばいになって，手足を使わずに，からだの向きを変える運動をする遊びです。

　「みなさん，飛行機はどこをとびますか？　そう，空ですね。飛行機は空をとんで，地下鉄は地面の下を走り，船は海や川の上に浮かんでいますね。」
　「今日は，みんなで飛行機になってみましょう。地面の上をとぶ飛行機です。」

　「みなさん，飛行機のかっこうをしましょう。飛行機は，どんな形をしていますか？」
　「翼を広げていますね。そして，胴体があります。後ろにも翼がありますね。みなさんは，まねができますか？」
　腹ばいになって手を広げ，両手，両足を床から浮かせるような姿勢になるようにします。

　「みなさん，じょうずに，まねができていますね。」
　「この子は大きいので，ジャンボジェット機ですよ。あの子は小さい豆飛行機ですね。」
　「お部屋にねっ転がった飛行機が何機もできました。ここは，○○園空港です。」
　「さあ，離陸です。ジェットエンジンが，いきおいよくふき出しましょう。おならじゃありませんよ。くさい，ふん射はいけません。」

手足を使わずに，上体をそらせたり，脚を高くあげたり，からだをひねって，向きを変えたりする運動を，飛行機がとんでいるイメージで，うながします。
　子どもたちが，飛行機になって空をとぶイメージを，膨らませることができるよう，声をかけてください。

「上空に向かいます。頭をあげて，うんと胸をはりましょう。」
「こんどは，急こうかです。頭をさげて，脚をあげましょう。」
「あっ，左に富士山が見えます。左に曲がりましょう。翼は広げたままにしておかないと，つい落してしまいますよ。手足を使わずに曲がりましょう。」
「おや？　後ろに，こんどは氷山が見えましたよ。ぐるりと，後ろへ向きましょう。」

先生とお母さんへ

　手足を使うと，運動になりませんので，なるべく使わないように，指導してください。
　上向き，下向き，左右，前後，など，いろいろな動きになるよう，適当に物語を作って，「何が見えますか？」と言って，方向を変えさせましょう。

7 大きい小さい

耳で聞いたことばのイメージを，からだで表現する遊びです。

「みなさんは，『大きい』と『小さい』って，わかりますか？」
「では，これから，先生が話したものが，大きいと思ったら，『大きい』と言ってください。小さいと思ったら『小さい』と言ってくださいね。」

「では，いきますよ。『お山！』」
「そう，大きいですね。じゃあ『くじら！』」
「これも，大きいですね。次は『あり』」
「これは，小さいですね。」
　子どもたちが，大きいか，小さいか答えやすいものを，言うようにします。「ぞう」「すずめ」「かば」「きりん」「お米」「空」「海」「めだか」「にじ」「東京スカイツリー」「ジェット機」「さくらんぼ」「針の穴」など。もし，子どもたちの意見がわかれてしまったときは，先生が，どちらか決めてください。

　子どもたちがなれてきたら，こんどは，これにからだの動きをつけて答えさせます。
「では次に，もう1度，今のことばを言いますから，小さいときは，からだを小さく丸めて，大きいときは，大きく背伸びをしてください。」
「では，やってみましょう。『くじら！』」
「そう，くじらはとっても大きいですね。もっと，背伸びして……」

　さらに，自由に歩きながら，大きい，小さいを，からだで表現するようにします。

　「こんどは，みんなバラバラになって，歩いてみましょう。そのうちに，先生が今のことばを言いますから，よく聞いて，大きいものだったら，背伸びをして歩きましょう。小さいものだったら，しゃがんで歩くことにしましょう。」

　「じゃあ，やってみますよ。みんな広がって。まちがわないように，よく聞いてくださいね。『くじら！』……」

先生とお母さんへ

　この遊びは，言語指導と運動の両方を，共有させたゲームです。

　言語指導だけにしぼって，先生が「大きいもの」と言って，子どもたちに，大きい動物や植物，建物などを答えさせてもよいでしょう。

　発展として，行進曲を流して，そのリズムに合わせながら，大きい，小さいの変化によって，歩き方を大きくしたり，背を小さくしてしゃがんで歩いたりさせることもできます。

8　おしりずもう

バランスを取るのを，むずかしくした，しりずもうです。

　まずは，動く練習からはじめます。
　「みなさん，立ったまま，ひざをなるべく曲げないようにして，自分の足首を持ってください。右手で右の足首，左手で左の足首を持ちますよ。」
　「そうそう，背中をまるくして，おしりをあげないと持てませんね。転んじゃいけませんよ。」

　「さあ，そのかっこうのまま，歩くことができるかな。ゆっくり，前にいきますよ。」
　「ヨチヨチ，ヨチヨチ。」
　「こんどは，後ろへさがりますよ。」
　「ヨチヨチ，ヨチヨチ。」
　なかなか，うまくできない子どももいると思います。みんなで，何度も練習をしましょう。右へ行ったり，左へ行ったり，後ろへ，前へ。
　なれてきたら，ぐるぐる回ったりしてみましょう。

　ある程度，動き回れるようになったら，この姿勢のまま，しりずもうをします。
　「みんな，じょうずになりましたね。」
　「まるで，あひるの幼稚園の遠足みたいですね。」
　「では，これから，ヨチヨチしながら，おすもうをしてみましょう。」

I 3，4歳児のゲーム

「手を使ってはいけませんよ。手は足首を持ったままです。おしりだけで，おすもうをします。」

「自分のおしりを，相手のおしりにぶつけて，倒したり，土俵の中から押し出したりします。」

「さあ，どのおしりが一番強いかな？」

「だれですか！　先生のおしりが一番強いって言った人は。」

先生とお母さんへ

　最初から，足首を持つ姿勢を取るのが，むずかしい子どもも多いと思います。

　そのときは，太ももを，後ろからかかえるようにして，やらせます。あまり高い姿勢だと，おしり同士をぶつけられませんので，できるだけ低い姿勢の方がよいでしょう。

　これができるようになったら，足首を持たせてください。

　ひざを曲げ，腰をうんとおろして，足首を持ち，それから腰を高くするようにさせるとよいでしょう。

9　箱を見て

　箱にかかれた，いろいろな表情や動作の絵を見て，その絵のまねをする遊びです。

　箱の面に描かれた絵を，1つずつ子どもたちに，見せていきます。
「この箱を見てください。箱にいろいろな絵が描いてあります。」
「1つ目は，これです。この絵は何でしょう？　そう，顔ですね。顔が何をしていますか？」
「そうです。笑っている顔ですね。では，みなさんも，元気に笑ってみましょう。」
　子どもたち，1人ひとりの顔を見わたします。
「じょうずに笑えましたね。」

「次はこれです。何でしょう？　そう，泣いている顔ですね。」
「では，みなさんも，悲しそうに泣いているまねをしてください。できますか？　エ～ン……。みんな，先生よりじょうずですね。」

「さあ，次はこれです。何でしょう？　そう，怒っている顔ですね。」
「みなさんも，プンプン怒ってみましょう。じょうずにできました。」

「さて，こんどは，この絵です。何でしょう？　そうですね。ねむっている絵です。」
「みなさんも，ねむってみてください。大きないびきをかいて，ねむっても，いいですよ。」

I　3, 4歳児のゲーム

「さあ，もう1つ絵が描いてありますね。これは何でしょう？」
「そう，握手をしている手です。みなさんも，お友だちと握手してください。」
「相手が見つからない子は，いませんか？　両手で違うお友だちと，握手してもいいですよ。」

すべての絵が確認できたら，こんどは，先生が1つの絵を選んで，子どもたちに見せ，見たらすぐ，そのまねをさせるようにします。
「さあ，どの絵が出るかな。出た絵を見て，まねしてね。」
「最初は，これ！」

先生とお母さんへ

箱は立方体か，それに近いダンボールを使います。1面だけ何もかかずに，はじめはその面を，子どもたちに向けておきます。
3歳児では，最初は2つの絵だけでやってみます。できたら絵の数をふやします。箱を使わず，絵を描いた画用紙だけでもよいでしょう。
なれてきたら，円形に並んだ子どもたちの中に，箱をサイコロのように，転がして上に出た絵をまねして遊ぶこともできます。

10　楽しくかけよう

　先生の合図で，みんな一斉に，決められた場所へ，走って集まる遊びです。

　はじめに，子どもたちに，お約束の説明をします。
　「みなさん，いいですか。先生が，♪かける。かける。かける。楽しくかけよう『すべり台！』と言ったら，みんなで急いで，すべり台のところに，集まろうね。」
　「♪かける。かける。かける。楽しくかけよう」のところは，適当に楽しいリズムをつけて，言ってください。

　「♪かける。かける。かける。楽しくかけよう『ブランコ！』と言ったら，急いで，ブランコのところに，集まりますよ。」

　「♪かける。かける。かける。楽しくかけよう『ジャングルジム！』と言ったら，ジャングルジムに登ろうね。」

　「では，やってみましょう。まだ，走っちゃダメですよ。」
　「♪かける。かける。かける。楽しくかけよう……」

　最初のうちは，このように，集まる場所の名前を，直接ことばで指定します。
　十分になれてきたら，こんどは，集まる場所を直接言わずに，あらかじめ決めた合図で，指定するようにします。

「ここに，色の違う旗が3本あります。赤い旗，白い旗，そして青い旗です。」

「先生が，赤い旗を出したら，すべり台に集まろう。」

「先生が，白い旗を出したら，ブランコに集まろう。」

「先生が，青い旗を出したら，ジャングルジムに登ります。」

「わかったかな？ 赤い旗のときは，どこに集まるの？ そう，すべり台ですね。では，やってみましょう。」

「♪かける。かける。かける。楽しくかけよう」のあと，何も言わずに，旗だけをあげます。

先生とお母さんへ

年少児は，旗の約束まではできませんので，集まる場所を，ことばで指定するだけにしてください。

集まる場所は，もう少しふやしても構いませんが，あまりむずかしくしすぎないでください。みんなで元気に，楽しく遊べるよう，心がけましょう。

11 だれが大きいか

新聞紙をやぶって，偶然できた紙片の形を楽しむ遊びです。

　偶然性を強くするため，1枚の新聞紙を，子ども4人で引っぱり合ってやぶります。
　「お友だち4人で，新聞紙の端を，しっかり持ってください。新聞紙がたるまないようにしましょう。」
　「これから先生が，『1，2の3』と言ったら，4人でいっしょに，新聞紙を引っぱって，やぶきましょう。しっかり，持ってください。いきますよ。『1，2の3！』」

　「やぶれましたね。4人とも，形や大きさが，ずいぶん違いますね。大きくても，小さくてもいいんですよ。なくさないように，自分の紙を持っていてくださいね。」
　「さあ，みんな順番に，新聞やぶきをしてみましょう。」
　やぶれた紙片が，1人1枚ずつ，いきわたるように，4人ずつ交代で

新聞をやぶっていきます。

　全員やぶり終わったら，どんな紙片ができたか，自分の紙片と，お友だちの紙片をくらべていきます。
「いろいろな形ができましたね。1人ずつみんな違いますね。みんなでくらべてみましょう。」
「みんなの中で，一番大きい紙はどれでしょう。」
「自分のが一番大きいと，思う人は手をあげてください。じゃあ，くらべてみましょう。こちらに持ってきてください。」
　1人ずつ形が違いますので，どれが一番大きいか，見分けがつかないこともあります。子どもたちみんなで，決めてください。

　順番を競うわけではありませんが，子どもは，一番やチャンピオンが大好きです。「一番小さかった人」「一番細長い人」「一番四角い人」「一番三角な人」と，いろいろな一番を，見つけましょう。
　さらに，形のおもしろさに，目を向けさせるようにします。
「動物に見える紙の人はいませんか？　他のものでもいいですよ。自分の紙が何に見えるか，よく見てみましょう。」

先生とお母さんへ

　気の小さい子どもなど，やぶくことを，ちゅうちょする子もいると思います。こんなときこそ，思いきってやらせたいものです。
　やぶれ方も，意図的にきれいにやぶろうとしたものより，意外性のある形をほめるようにしてください。
　おもしろい形の紙から，動物，植物，乗り物など，いろいろなものを想像させてください。年長児であれば「うまのしっぽと，おさるの耳がいっしょになったみたい」などのことばを引き出したいものです。

12 カニがはさむぞ

　ダンボール箱の側面に，手を入れられるように，穴をいくつか開けておきます。箱の大きさや，穴の数は，子どもたちの体格，人数に合わせて，決めてください。

　子どもたちが箱に興味を持つように話しかけます。
　「ダンボールの箱が１つありますね。おや？　ここに穴が開いていて，手が入れられますよ。」
　「よく見ると，向こうや両側にも穴がありますね。１・２・３……，全部で７つです。」

　箱の中に手を入れて，子どもと握手をします。
　「では，６人のお友だちは，片手を箱の穴の中に入れてください。先生も，こちら側から手を入れます。箱の中で，先生と握手してみましょう。」
　「これは，だれの手かな？　じゃあ，これは？」と，子どもの手を，１人ずつ握っていきます。
　１人の手を握ったまま「先生が，だれと握手しているか，わかりますか？」と，まわりの子どもたちに問いかけ，お友だちの表情などから，箱の中を想像させます。
　順番に，別の子どもたちにも，箱の中に手を入れさせていきます。

　ひとまわりしたら，先生はポケットから，洗たくばさみを，取り出します。

I　3,4歳児のゲーム

「こんどは、先生が洗たくばさみを持って、箱の中に手を入れますよ。だれかの手を、チョンとはさんじゃいますよ。まるでカニさんのはさみみたいでしょ。」

だれの手が箱の中で、はさまれているのかを、まわりの子どもたちがあてるゲームをします。

「じゃあ『1、2の3』で、だれかの手を、はさんだままにしますから、まわりで見ているみんなは、手を入れているお友だちの顔をよく見て、だれの手が、はさまれているかあててみましょう。」

「箱の中に、手を入れている子は、だれがはさまれているか、バレないようにしましょう。」

「いきますよ。『1、2の3』さあ、だれでしょう。」

「わかったかな？　じゃあ、確かめてみましょう。みんな箱の中から手を出してください。あっ、○○くんでした！」

● 先生とお母さんへ ●

洗たくばさみは、バネの弱った古いものを、用意してください。皮膚ではなく、指を大きくはさむと、さほど痛くありません。

13 早くこいこいお舟さん

折り紙で作った舟に糸をつけ，その糸をエンピツで巻き取って，舟を引っぱる競争をします。

1人1つずつ，折り紙で舟を作ります。
舟の折り紙は，床の上に立てることができれば，どのようなものでも構いません。
ほかけ舟（だまし舟）のような，簡単に作れるものが，よいでしょう。

舟ができたら，糸とエンピツを，セロハンテープではり付けます。
「舟ができた子は，先生に見せてください。糸とエンピツをあげます。舟の先にセロハンテープで糸の端をつけます。反対側の糸の端は，エンピツのまん中に，セロハンテープでとめましょう。」
「舟に，いかりがついたようになりましたね。」

舟の進め方を，子どもたちに説明します。まず，先生が子どもたちの前で，やって見せます。
「この糸を，ピンとさせて，エンピツをくるくる回すと……。」
「ほら，舟が前に向かって，進んできます。」
「みなさんも，やってみてください。じょうずに回さないと，途中で舟が倒れてしましますよ。」
「倒さないように，でも，できるだけ早く，舟を進めてください。」

Ⅰ　3，4歳児のゲーム

　子どもたちが，糸を巻き取ることになれるまで，しばらく様子をみてください。なれてきたら，みんなで競争をします。

「じゃあ，だれが一番はやく進められるか，競争してみましょう。」
「1列にならんで，すわってください。」
「糸の長さは，みんな同じですね。途中で倒れてしまったら，また，やり直しですよ。いいですか。」
「用意，ドン！」

先生とお母さんへ

　糸の長さは，1メートル程度が適当です。
　エンピツは，削っていないものを用意してください。
　年少児の指の運動は，脳の発達をうながすことに役立ちます。
　年長児には，舟とエンピツの間に障害物を置くなどして，変化をつけましょう。
　折り紙は，乗り物や動物など，子どもたちのよろこびそうなものに，変えてもよいでしょう。

14　大きな鳥　小さな鳥

音楽に合わせて，鳥のまねっこ遊びをします。

「1列になって，大きな円を作りましょう。ぐるりと丸くひろがってください。」

「それでは，みなさんは，かわいい鳥さんになりました。」

「鳥さんのまねは，どうすればいいかな？　そうですね。手を横に広げて，羽のようにしましょうね。」

先生の声に合わせて，大きな鳥と，小さな鳥になる練習をします。

「先生が『大きい鳥』と言ったら，手を伸ばして，大きく，はばたきましょう。」

「先生が『小さい鳥』と言ったら，手をちぢめて，手のひらを小さく振りましょう。」

「練習をしましょうね。先生が『大きい鳥』と言ったら，どうするのかな。じゃあ，『小さい鳥』と言ったら，どうするのかな。」

こんどは，音楽に合わせて，輪になって歩きます。途中，先生の「大きい鳥」「小さい鳥」の声に合わせて，大きな鳥と小さな鳥を，表現しわけるようにします。

「みんな，じょうずにできるようになりましたね。では，音楽に合わせて，みんなで，ぐるぐる回りながらやってみましょう。」

「小さい鳥」

「大きい鳥」

「小さい鳥のときは、もっとからだを小さくした方が、小鳥らしく見えますよ。」

「そうです。みなさん、とっても、じょうずですね。」

先生とお母さんへ

　使う音楽は、小鳥に関係した曲がよいと思います。なければ、行進曲でもよいでしょう。

　「大きい鳥」「小さい鳥」と言うかわりに、音楽のボリュームを変えて、音が大きくなったら、大きな鳥のまねをし、音が小さくなったら、小さな鳥になるように、発展させてください。

　競争的なゲームではありませんので、みんなで楽しく表現させることに、主眼を置いてください。

15 まほうのめがね

　手のひらにおさまる大きさの絵を，何枚か用意しておき，子どもたちが，指でめがねを作って，のぞいたときに見せていく遊びです。

「みなさん，指を丸めて，めがねを作ってみましょう。」
「すてきな，めがねができましたね。」
「それは，まほうのめがねです。いろいろなものが見えますよ。」
　話しかけながら，子どもたちの注意をそらせ，子どもたちにわからないように，絵を1枚，手のひらに忍ばせてください。

「ほら，先生をよく見ていると，ウサギさんが見えてきますよ。」
「ほら，見ていてください，見ていてください。」
「ワン，ツー，スリー！」
　かけ声と同時に，手の中のウサギの絵を子どもたちに見せます。
「ほら，ウサギさんが見えたでしょ。」

　子どもたちに見えないところで，手の中の絵を，別の絵に持ち替えます。
「では，次は，からすが見えますよ。」
「ほら，見ていてください，見ていてください。」

「ワン，ツー，スリー！」
「どうです。からすが見えたでしょ。」

「次は，何が見えるかな。見えた人は大きな声で，おしえてください。」
「みんなで，いっしょに『ワン，ツー，スリー』と言ってくださいね。いきますよ。せ〜の！」
「ワン，ツー，スリー！」

● 先生とお母さんへ ●

　絵は，「ワン，ツー，スリー」のかけ声に合わせて，子どもたちの前に出します。

　動物の絵，植物の絵，虫の絵など，子どもたちの年齢にふさわしい，楽しい絵を用意してください。

　サイコロや小さなマスコットなど，手のひらにおさまるような具体物を用意できれば，その方が楽しさを増します。

　「ワン，ツー，スリー」のかけ声と絵や品物を出すタイミング，絵や品物を持ち替える方法を工夫して，手品っぽい演出ができるようにしましょう。

16 さて 何でしょう

　折り紙をちぎった紙片で，はり絵を作ります。はじめから何かの形を意図するのではなく，ちぎった紙片を，自由にならべかえて，できた形が何に見えるか，想像を膨らませる遊びです。

　子どもたちに，折り紙をくばります。
「今日は，この紙を折らずに，破ってみることにしましょう。どんなに破ってもよいですが，破った紙は，くちゃくちゃにならないように，してください。」
「破った紙を，もう1度破って小さくしてもよいですよ。では，はじめましょう。」
　まっすぐに等分するだけでなく，できるだけいろいろな形の紙片ができるように，指導してください。

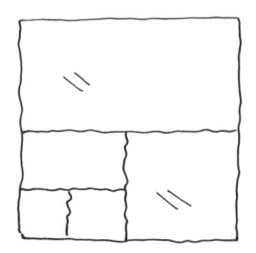

　ちぎった紙片を机の上に並べて，いろいろ形にしてみます。
「では，破るのは，そのへんでやめにしましょう。ずいぶん小さくなった人もいますね。」
「こんどは，破った紙を机の上に並べてみましょう。どんなふうに，並べてもよいですよ。」
「並べているうちに，だんだん，何かの絵のようになるかもしれません。何かの形になるかもしれませんよ。」
「並べた紙が，何かの形に見えたら，先生におしえてください。」

何かの形になるように，紙片を並べていくのではなく，並べていくうちに，偶然できた形が，何に見えるかを考えるようにうながします。
　子どもたちが，紙片を自由に並べることに，なれてきたところで，画用紙をくばります。これに紙片をはり付けていきます。
「では，みんなに1枚ずつ画用紙をくばります。こんどは，破った折り紙を1つずつ，はってみましょう。」
「さっきとは，ちがう形に並べてみましょう。どんな形になっていくか楽しみですね。」
　自分や友だちが，画用紙にはった紙片が，何に見えるかを考えて，発表し合います。
「できあがったら，1人ずつみんなに見せて，何に見えるか，思ったことを言ってみましょう。」

先生とお母さんへ

　できあがったはり絵を見せるとき，最初は，子どものはった向きのまま，みんなに見せてください。
　次に，横にしたり，天地をひっくり返したりしてみると，思わぬ形が見えてくることがあります。
　新聞紙を破った紙片を，1枚ずつ子どもに持たせておき，1人ずつ床の上にセロハンテープではって，できあがった大きなはり絵を，みんなでながめて，何に見えるか連想させてもよいでしょう。

17　小さいだんご　大きいだんご

粘土で作った，小さなだんごを合わせて，どんどん大きなだんごにしていく遊びです。

　はじめに，子どもたちみんなで，小さな粘土のだんごを作ります。
　子どもたちが，いっしょにだんご作りができるよう，大きな机を用意してください。
　「みんな，粘土でおだんごを作れますか？　作れますね。では，小さいおだんごを１つ作ってみてください。」
　だんごの大きさは，ふぞろいで構いません。
　「できましたね。机の上に置いてみてください。おや，ずいぶん小さいのもありますね。」
　「では，これから，今と同じように，小さいおだんごをみんなで，たくさん作ってみてください。だれが，たくさん作れるかな。さあ，やってみてください。」

　「みんな，たくさん作れましたね。」
　だんごは，どの子からも手に取りやすい位置に，まとめておいてください。
　この小さなだんごを，１つずつたして丸めなおし，大きなだんごにしていきます。

　「では，今，作ったおだんごを，１つずつ取って，手のひらにのせてください。１つずつですよ。下に落とさないようにね。」

「みんなじょうずに，1つずつのせられましたね。では，反対の手で，もう1つおだんごを取って，自分の前に置いてください。みんな，1つずつ机の上に置きます。1つずつがお約束ですよ。」

「では，次に競争をしましょう。どんな競争かというと，今，机の上にあるおだんごと，手のひらのおだんごを，いっしょに丸めて，1つの大きいおだんごにする競争です。わかりますね。では，用意ドン！」

「さあ，どんなおだんごになったか見せてください。大きいおだんごになりましたね。もう少し，机の上でまん丸にしてください。」

このだんごは机の上に置いたままにして，もう1つ，小さなだんごを手にとって，いっしょに丸めます。これをくり返して，どんどん大きなだんごを作っていきます。

最初に作った小さなだんごが，なくなったら，こんどは，となりの子と協力して，大きなだんごにしていきます。

先生とお母さんへ

競争させることが，主な目的ではありません。

最後はみんなで，1つの大だんごにまとめてみましょう。

18　かくれんぼ水鉄砲

　園庭のまん中に，机を横に立てて並べ，長い壁を作ります。壁の両側に，水の入ったバケツを用意します。
　この壁の両側に分かれて，水鉄砲で水のかけあいっこをします。

「みんな，1つずつ水鉄砲を持って，2組に分かれてください。」
「2組に分かれたら，机の両側に分かれてかくれてくださいね。机の向こう側にだれがいるか，わかりませんね。」

「先生が，『用意，ドン！』と合図したら，みんなピョンと，頭を出してください。」
「そして，目の前に出てきた，机の向こう側の人の顔めがけて，水鉄砲の水をピューッとかけて，またすぐに，机のかげにかくれましょう。わかりますね。」
「机のかげにかくれたら，水鉄砲に水を入れましょう。机のかげにかくれているときは，机の向こう側の人にわからないように，場所を移動していいですよ。」

「では，やってみましょう。」
「さあ，どこからだれが顔を出すか。わかりませんよ。」
「用意，ドン！」

Ⅰ　3, 4歳児のゲーム

先生とお母さんへ

　意外性を利用するところがポイントです。
　机のかげにかくれたら，自由に自分の位置を動いてかまいません。何回か，くり返すと，子どもたちなりに，作戦を立てようとするようになります。そのための時間を，とってあげてください。
　合図で頭を出し，水鉄砲を発射したら，すぐに頭を引っこめます。このとき，机から向こう側にのり出して，水をかけないようにします。
　横にした机の脚につまずくことがないよう，机の脚より遠いところに線を引いて，そこから内側には，入らないようにするとよいでしょう。

19　だれのが長い？　だれのがじょうぶ？

　1枚の新聞紙を細長く切って，できるだけ長くつなげます。つないだ新聞紙で綱引き遊びをします。

　「これから，みんなに1枚ずつ，新聞紙をくばります。」
　「この新聞紙を，はさみで端から端まで，途中で切れてしまわないように注意して切って，細長い紙テープを作ってください。はさみをうまく使わないと，曲がってしまいますよ。」
　「できた紙テープは，セロハンテープではりつけて，1本につなげます。だれが1枚の新聞紙を一番長い紙テープにするか競争ですよ。」
　「できるだけ細長く，何本も何本も切って，どんどんつなげてくださいね。では，はじめてください。」

　「つないだ紙テープが山のようになってきましたね。」
　「さあ，みんな切り終わったので，だれのが一番長いか調べてみましょう。長い長い。お部屋の後ろの方までとどきましたね。」

　「では，こんどは，だれのが一番じょうぶか競争しましょう。」
　「2人組になってテープの端を，セロハンテープでつなぎます。そして，テープを伸ばして，綱引きをしますよ。」
　「先生が，『用意，ドン！』と言ったら，端のところを指で持って引っぱってください。ぎゅっと握ると，手のところで切れてしまいますからね。いきますよ。」
　「用意，ドン！」

新聞紙　　　　　セロハンテープ

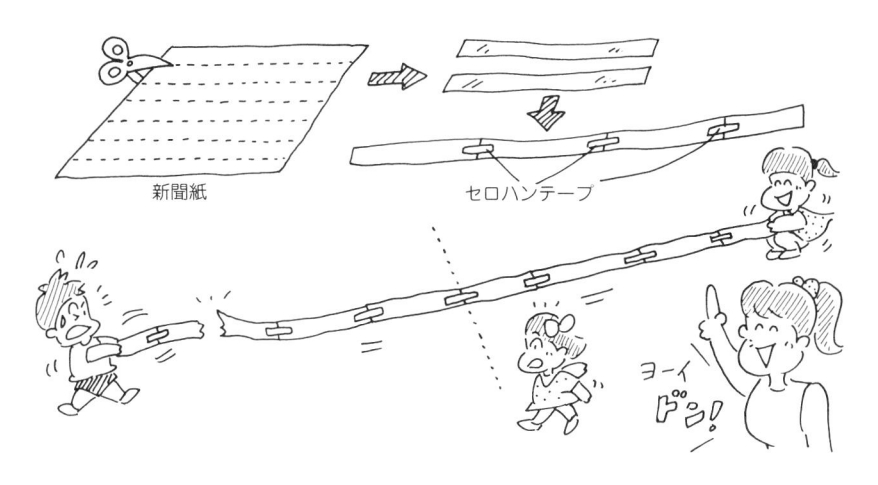

「あっ，切れてしまいましたね。」
「切れたらそこのところを持って，また綱引きです。どちらかの人の作った紙テープがなくなるまで，続けますよ。」
「みんなで，残った紙テープをくらべて，一番長い人が勝ちです。」

● 先生とお母さんへ ●

はさみの使い方は，事前によく指導してください。
綱引きは相手をかえて，最後の1人がきまるまで，続けてもいいでしょう。
ちぎれた紙テープが大量にできてしまいます。最後に，またセロハンテープではりつけて，だれが一番長くできるか競争すると，あとかたづけが簡単になります。
グループごとの競争にしてもいいでしょう。

20　亀の子ハイハイ

ダンボールの箱を，かぶってハイハイをする遊びです。

「みなさん，これはなんでしょう？」
「そうです。ダンボールの箱ですね。」
「この箱を，こちらから，向こう側まで，運んでください。」
「どういうやり方でもいいですよ。みんなで，かわりばんこにやってみましょう。」

子どもたちが，どんな運び方をするか，よく観察してください。
「手で持っていく子がいますね。」
「押していくやり方もありますね。」
「おや，後ろ向きになって引いていく子がいましたよ。」
「あらあら，足でけっていますね。これは少し乱暴ですね。」
「あっ，頭にかぶって運んでいる子がいますよ。楽しそうですね。」
　子ども自身で，いろいろな運び方を工夫させます。友だちがどんな運び方をしているか，声に出して，みんなに教えてあげると，積極的になります。

　しばらく，子どもたちの好きなように，運ばせたあと，箱の中に入って，運ぶように，うながします。
「では，だれかダンボールの箱の中に入って，ハイハイをして運べる人はいませんか？」

「○○ちゃん、やってみてください。おやおや、箱の中にかくれてしまいましたね。」

「みんな、じょうずにできるかな？　がんばってね。」

「箱の中に入ってしまうと、前がよく見えなくて、曲がってしまいますね。では、だれかが向こう側で、タンバリンをたたいて、『こっちですよ』って、助けてあげましょう。」

「これなら、うまくできますね。」

先生とお母さんへ

　用意するダンボールの箱の数は、遊び場所の広さに合わせて、調整してください。できるだけ広い場所で、多くのダンボールで、やりたい遊びです。

　ダンボールの箱に、亀のように、首や手足をつけると、おもしろさが増します。グループごと、別の動物にして、リレー競争にしてもいいでしょう。

　年長児であれば、楽器の音をたよりにせず、1人で運ぶこともできます。

21　新聞マント

新聞紙をポンチョのようにかぶって，マントにして遊びます。

「ここに新聞紙が1枚あります。このまん中に穴を開けます。」
「先生が，この穴の中に頭をつっこんでみると……，ほら，こうして新聞紙を着ると，マントみたいですね。」
「このまま走ってみますよ。なんだか魔法のマントみたいで，とても気持ちがいいですよ。みんなもやりたくなったでしょ。では，新聞紙を1枚ずつあげましょう。」

「穴を開けるときは，あまり大きすぎないように気をつけましょう。できたら，それをかぶって，お庭を1まわりしてみましょう。魔法のマントですから，きっと，いつもより早く走れますよ。」
「どうでしたか？　では，魔法のマントを着て，みんなでかけっこをしてみましょう。いいですか。」
「用意，ドン！」

「じゃあ，こんどは，だれのマントが一番強いか，確かめてみましょう。2人組になってください。」
「2人で向かい合って，前の人のマントの端を持ちます。先生が合図をしたら，マントを持ったまま，ゆっくり後ろにさがりますよ。」
「すると，少しずつ首のところからマントが破れてきます。先に，マントが首からはずれてしまった人の負けです。やってみましょう。」
「用意，ドン！」

先生とお母さんへ

3人以上で輪になって，右隣の人の新聞紙を片手で持ち，次第に輪を広げ，破れたらストップして，その人は抜け，輪をせばめて，あらためてはじめるというゲームも，考えられます。

最後に残った人の勝ちです。

新聞紙に，絵の具やマジックで絵を描いて，自分だけの魔法のマントを作るのもいいでしょう。

この場合，マントが破れてしまうのを嫌う子どもがでてきます。動きの大きな遊びに発展させるのは，むずかしくなります。

22　幕のトンネル

暗幕をトンネルに見たてて，その中をくぐる遊びです。

　はじめに，手で作ったトンネルを，くぐる遊びをします。
　「2人で向かい合って，両手をあげると，トンネルができますね。」
　「やってみてください。かわいいトンネルができましたね。」
　「他の子たちは，電車になって，トンネルをくぐらせてもらいましょう。」
　「トンネルになりたい人はトンネルに，電車になりたい人は電車になりましょう。」
　「あらあら，全員でトンネルになったら，だれもくぐってくれませんよ。」

　用意しておいた暗幕を，子どもたちの前に広げます。
　「さあ，これは何でしょう？」
　「カーテン？」
　「ちょっと違いますね。暗幕といいます。お部屋の中を暗くしたいときに使います。」
　「こんどは，この暗幕をトンネルにして，下をくぐってみましょう。」
　「何人かのお友だちは，先生といっしょに，トンネルが動かないように，押さえるのを手伝ってください。」
　「残りのみんなは，順番にトンネルをくぐってください。中は暗いですからね。ぶつからないように，ゆっくり進んでください。」
　「みんなじょうずに，くぐれますね。くぐり終わった人は，暗幕を押

さえてくれていた人と，交代してくださいね。」

「では次に，暗幕をもう1枚続けて，トンネルを長くしましょう。だれか，押さえるのを手伝ってください。」
「ほら，長い長い，暗い暗いトンネルになりましたよ。横から出てしまわないように，トンネルの中をまっすぐ進んでくださいね。」
「さあ，順番にくぐってみましょう。」

先生とお母さんへ

　暗幕は，なるべく大きいものを用意してください。子どもが2，3人入っても，端が持ち上がってしまわない程度の大きさがあるといいでしょう。
　あまりまわりを押さえつけると，中に入っている子が苦しくなってしまいますから，多少たるみが出るように，ゆとりを取って，押さえるようにしてください。

23 笑うのなしよ

にらめっこの要領で，相手の顔をじっと観察します。

「みんなで2人組を作りましょう。そして，向かい合って座ってください。」

「向かい合った人の顔を，よく見てみましょう。みんなおもしろい顔をしていますね。」

「お口があって，お鼻があって，お鼻には大きな穴が2つも開いていますよ。だれか，お鼻の穴が1つの人はいませんか？ いたら先生に教えてください。」

「では次に，お目々を見てみましょう。たれ目の人，つり目の人，黒目の人，白目の人，細目，ドングリ目，みんな，1人ひとり形も色も違っていますね。」

「みんな違っているから，おもしろいのですね。同じ顔の人ばかりだと，気持ちが悪くなりますよ。」

「お父さんもお母さんも，先生も園長先生も，みんな同じ顔だったら，困ってしまします。よく見て，お友だちの顔と，自分の顔のどこが違っているか，くらべてみましょう。」

「おや，だれですか，あんまりおかしいから，吹き出した人は。前の人の顔に，つばが飛んでしまいましたよ。どんなに，にらめっこをしても，笑ってはいけません。じっとがまんするのですよ。」

「じゃあこんどは，1人の子が，相手の顔を，人差し指で軽くさわってください。」

「さわられた子は，じっとがまんですよ。笑いたくなったり，くすぐったくて，がまんできなくても，目を閉じてこらえてください。」

「笑ってしまった人は，交替しましょう。」

「さあ，だれが一番長くがまんできるかな？」

先生とお母さんへ

笑ってしまったら，次にさわる人をじゃんけんできめて，また続けるようにしてもいいでしょう。

先生が時間をはかって，一定の時間ごとに，交替させる方法もあります。

目玉や口の中などに，指を入れたり，強く突いてしまったりすることのないよう事前に注意してください。

1本の指でなく，軽くつまんだりさせるのも，変化ができておもしろくなります。

24　まだまだ　もうすぐ　やったー

わざと，ゆっくり，ゆっくり動いて，達成感を楽しむ遊びです。

　まずは，先生が，ゆっくり新聞紙を２つに破いてみます。子どもたちの注意を引きつけられるよう，言葉かけを工夫してください。
　「新聞紙が１枚あります。」
　「これを先生が２つに破いてみます。みんな見ていてくださいね。」
　「静かに，静かに破きます。まだまだ，２つになりませんね。まだまだ，やっと半分切れました。まだまだ……」
　「さあ，もうすぐ２つに分かれますよ。見ていてください。もう少し，あとちょっと，あっ，やっと２つになりました。」

　「では，こんどは，みなさんにやってもらいましょう。２人前に出てきてください。」
　「じゃあ，２人で新聞の端を持って，今，先生がやったように，ゆっくり，ゆっくり，破いてください。」
　「さあ，はじめましょう。そう，ゆっくりですよ。ゆっくり，ゆっくり，まだまだ，まだまだ。見ているみんなもいっしょに言ってみてください。ゆっくり，ゆっくり，まだまだ，まだまだ……」
　「あっ，もうすぐ，もうすぐ。もうすぐ……。はい，破けました。」

　「では，もう一度，違うお友だちにやってもらいます。こんどは，まだまだ，もうすぐ，で破けたら，みんなで両手をあげて，『やったー！』と，言ってみましょう。」

「だれが，一番はやく元気に言えるかしら。でも破れる前に言ってはだめですよ。」

「では，やってみましょう。ゆっくり，ゆっくり，まだまだ，まだまだ……，もうすぐ，もうすぐ。」

「やったー！」

「こんどは，やり方を変えてみましょう。もう新聞紙は使いません。」

「2人のお友だちに，こちら側と向こう側に，離れて立ってもらいます。2人は，ゆっくり，ゆっくり，近づいてください。」

「手が届きそうなくらいまで，近づいたら，ゆっくり両手を前に伸ばして，手を合わせるようにします。」

「手を合わせることができたら，さっきと同じように，『やったー！』と言いましょう。わかりましたか。」

先生とお母さんへ

途中で止まることなく，ゆっくり，ゆっくり動き続けるのが，ポイントです。

最後は，全員いっしょに2人1組になってやってもいいでしょう。

25　入り口はどこだろう

暗幕を使った，簡単でダイナミックな遊びです。

「大きな暗幕があります。4人で端を持ってください。あとで，ぐるぐる回ってもらいますからね。ぐるぐる回っても，手がはずれないように，しっかり持ってくださいね。」

「それでは，これからこの暗幕の中へ，お友だち2人に入ってもらいます。ここから，中にくぐって入りますよ。」

「中に入った2人は，そのままじっとしていてください。中から外が見えますか？　暗幕の端を持っている人は，できるだけ，中の人に外を見られないように，しっかり押さえてください。」

「中の人は，目を閉じてください。」
「暗幕を持っている人は，先生の合図で，ぐるぐると回ってくださいね。いいですか？」
「じゃあ，スタート！」
「こんどは，反対に回りましょう。」
「はい，ストップ！」
「さっきと同じように，できるだけ，中の人に外を見られないように，しっかり押さえてください。」

「さあ，中の人は，自分がどの子と，どの子の間から暗幕の中に入ってきたかわかりますか？　四角い暗幕なので，出入り口は4つですね。自分が入ってきたと思うところから，外へ出てください。」

「2人で相談して決めてください。決まりましたか？」
「さあ，どこから出るかな？」

「正解です。すごいですね。」
「じゃあ，今，出てきた人は，幕を持っている人と，交替してください。」

先生とお母さんへ

あまりぐるぐる回りすぎると，全くわからなくなりますから，多くても2回程度にしましょう。

2回目を反対方向に回したり，1回転せずに半回転でストップしたりするだけで，意外にむずかしくなります。

年少児のときなどは，暗幕を押さえるときに，多少すき間が大きめに開くようにして，押さえている子どもの足元が，見えるようにすると，やさしくなります。

26　お手々に合わせて１，２の３

先生の手のひらの動きに合わせて，立ったり座ったりする遊びです。

「みなさん，先生の手をしっかり見てください。」
「これから，『１，２の３！』で，先生の手のひらが上の方を向いたら，みなさんは，すぐに立ち上がってください。」
「反対に，『１，２の３！』で，先生の手のひらが下の方を向いたら，みなさんは，すぐにその場にしゃがんでください。」

「では，みなさん，いすに座ってください。」
「いいですか。先生の手を，よく見て，一番早く立ったり，しゃがんだりできた人が勝ちですよ。」

「最初，先生は手を握っていますからね。どっちが出るかな？　よく見ていてください。」
「１，２の３！」
「そうです。みんな立ちましたね。先生の手のひらは，上を向きました。じょうずですね。ではまた，いすに座ってください。」

「こんどは，どっちにしようかな。」
「１，２の３！」
「こんどは，手のひらが下を向いていました。みんなしゃがみましたね。いすにゴッツンコした人もいましたね。あわてずに，早くやりましょうね。」

1,2の3!!

1,2の3!!

1,2の3!!

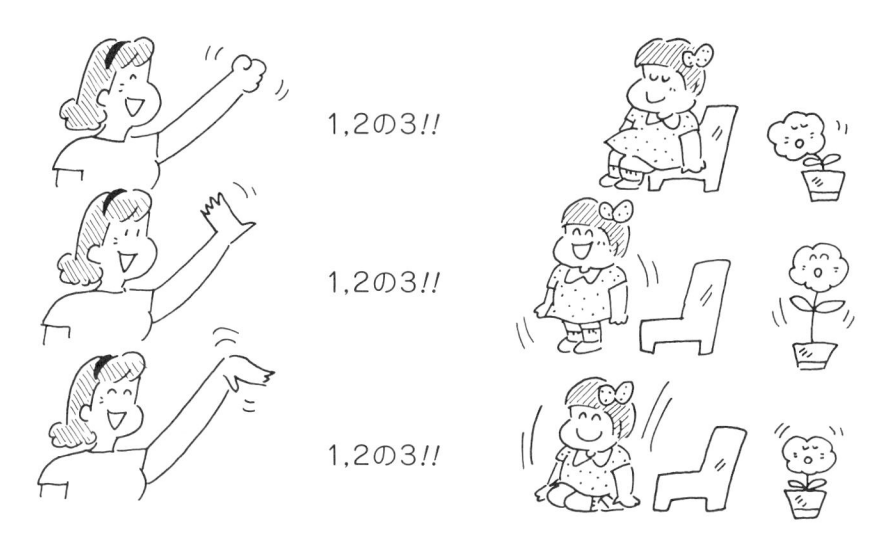

「ではまた，元のいすに座りましょう。しゃがむときに，あわてて，いすにぶつからないようにしましょうね。」

「さあ，こんどはどっちかな……」

先生とお母さんへ

　年長児の場合は，これに続けて，先生がことばだけで号令をかけるようにしてみましょう。

　手のひらと同じように，「立って！」「しゃがんで！」と，号令をかけます。

　なれてきたら，こんどは「上」「下」や「空」「土」など，立ったりしゃがんだりすることを，イメージできることばに，かえてみます。

　さらに，「『下』といったら立つ」というように，号令と反対の動きをするルールに発展させると，ことばの意味にまどわされて，まちがう子どもが出てきますので，ゲーム性が増します。

27 空中自転車乗り

みんなで，ねころんで，自転車こぎ運動をします。

「今日は，みんなで自転車に乗って，サイクリングにいきます。先生が，1人ひとりに自転車をあげますから，みんな，お部屋にねころんで，上向きになりましょう。」
「早くねころんだ人から，自転車をあげますよ。」

「おやおや，早いですね。みんなもうねころんでしまいましたね。」
「はい，じゃあ約束どおり，全部の人に自転車をあげました。」
「えっ，だれももらってないって？　そんなことはありません。目に見えない不思議な自転車を，みんなにあげましたよ。」

「みんな両手を出して，ハンドルを持ってみてください。ペダルにも足をかけましょう。ペダルはおなかの上の方にありますよ。」
「さあ，出発です。足でしっかりペダルを踏んでくださいね。」
「1，2。1，2……おくれないようにね。」

「あっ，山道になりました。『よいしょ，よいしょ』と，かけ声を出してペダルを踏みましょう。はい，みんないっしょに。」
「よいしょ，よいしょ。」
「つかれて，声の出ない人がいますよ。おいていかれないように，がんばって。」

「こんどは，右に曲がります。ハンドルを右に向けましょう。」

「おっと，ジグザグの道に出ました。急いで，ハンドルを切らないと，道からとび出してしまいますよ。」

「右，左，右，左……。」

「さあ，やっと下り坂まで，たどりつきました。足を離してもいいですよ。でも，自転車はどんどんスピードが出ますよ。ハンドルをしっかり握ってください。」

「あっ，公園が見えてきました。もうすぐですよ。」

「はい，到着です。ブレーキをしっかり握って，とまりましょう。」

「みなさん，つかれましたか？　芝生にねころんで，しばらく休憩しましょう。」

先生とお母さんへ

　サイクリングの様子は，子どもたちが飽きてしまわないように，適当な作り話も入れながら，楽しく話してください。

　足や腰の運動に最適です。親子でいっしょに楽しんでください。

28 目かくしワンワン

目かくしをして，ハイハイをする子どもを，先生が目かくし鬼の要領で，誘導します。

　まずは，音楽に合わせて，ハイハイ歩きをしてみます。
「みんなで，子犬になって，ハイハイをして，歩いてみましょう。」
「音楽に合わせて，楽しそうにお散歩しましょうね。子犬さん同士，ぶつからないように，気をつけてお散歩しましょう。」

「お散歩の途中で，音楽がとまります。音楽がとまったら，子犬さんたちも，とまってください。そして，『ワンワン』と元気よく鳴いてください。」
「音楽をよく聞いていてくださいね。あっ，音楽がとまりました。
「ワンワン！　ワンワン！」
「みんな，元気ですね。おや，子猫さんもいますか？」
「ニャ〜オ，ニャ〜オ。」
「みんな，じょうずですね。」

「では，次に音楽に合わせて，自分のお家をさがして，帰りましょう。でも，お家をさがしているうちに，迷子になってしまう子犬がいます。迷子の子犬の人には，先生が目かくしをしますよ。」
　少人数であれば，全員いっしょに目かくしをしていいでしょう。子どもの数に合わせて，加減してください。子どもの数が多いときは，目かくしをする先生，お家に誘導する先生と，役割を分担します。

I　3，4歳児のゲーム

「迷子の迷子の子犬ちゃん，子犬ちゃんのお家は，ここですよ。先生の手の音を聞いて，帰ってきてください。うまく帰ってこられたら，先生が，目かくしをとって抱っこしてあげますよ。」

　拍手で，目かくしの子を誘導します。子ども同士で，ぶつからないように，適当に場所を移動して，1人ずつ抱っこしてください。

「お家に帰った子犬さんは，そのまま，じっとして，他の子犬さんが帰ってくるのを，待っていてくださいね。」

　全員を抱っこするまで続けます。どうしても，帰ってこられない子は，先生から迎えにいってあげます。

● 先生とお母さんへ ●

　円形に内側を向いて座り，円の中央に目かくしをした子をおいて，まわりの子のところまでハイハイしていき，目かくしを取ってもらいます。
　目かくしを取ってあげた子が，円の中央からハイハイをします。
　このようにして，2～3人ずつ競争させることもできます。
　いずれの場合も，危険のないように配慮してください。

29　紙人間

鼻につけた紙テープに，息をふきかけて吹きとばします。

「ここに紙テープがあります。この端に，ちょっと，ツバをつけて，鼻の頭につけてみます。みんなもやってみてください。」

紙テープは，あらかじめ10センチ程度に切ったものを，多めに用意してください。

「みなさん，つきましたか？」
「ついたら，大きく息を吸いこんで，思いっきり，フッと吹いて，紙テープを吹きとばしてください。」
「あら，ずいぶん，とんだ人もいますね。」
「あまりとばなかった人もいますから，もう1回，みんなでやってみましょう。先生もいっしょにやってみますよ。」
「テープが床におちてしまった人は，新しいのをあげますよ。」
「どうやったら，遠くまでとばせるかな？」

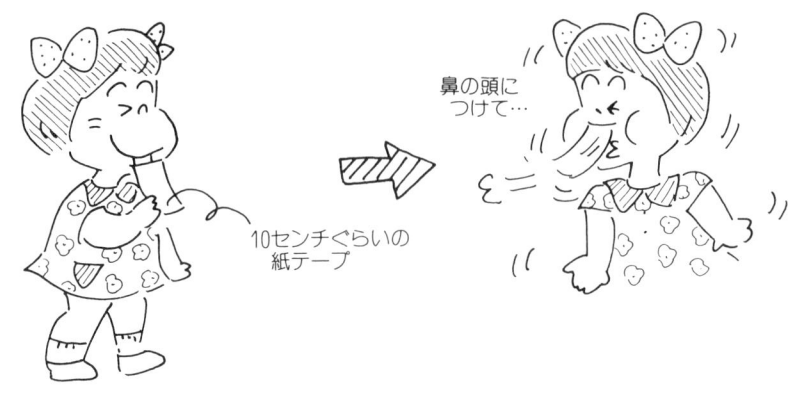

Ⅰ　3，4歳児のゲーム

　しばらく，子どもたちの自由にして，遠くまでとばす練習を，させてください。
　「みんな，遠くまでとばせるようになったかな。」
　「じゃあ，だれが一番よくとぶか，先生が見ていますから，3人ずつ競争してみましょう。」
　「みんな，よくとびましたね。」
　「では，こんどは，紙のかわりに，みんなで先生を，思いっきり吹いて，とばしてみてください。」

先生とお母さんへ

　子どもが吹いたら，先生は大げさに，とばされてください。
　先生がとばされたあとは，反対に先生が子どもたちを，とばしてあげましょう。最後は子どもたち同士で，とばし合う遊びをします。
　強く長く吹いたとき，短くいきおいよく吹いたとき，やさしく吹いたときなど，なるべく，いろいろな違ったとばされ方ができるように，工夫しましょう。
　テープにツバをつけることに，抵抗があるようでしたら，水を含ませたスポンジなどを用意してください。

30　たまご運び

お腹の下にボールをおいて，ハイハイしながら運ぶ遊びです。

「ここに，ボールがあります。」
「このボールを，みんなに運んでもらおうと思います。でも，ボールを手で持ってはいけません。それから，歩いて運んでもいけません。」
「さあ，どうやって，運べばいいか考えてみましょう。」
「えっ，足でける？　ダメです。それでは，運んだことになりませんよ。ちゃんと自分で運んできてください。」

「みんな，頭をひねって考えていますね。では，先生が教えてあげましょう。」
「歩いてはいけないのですから，赤ちゃんみたいに，ハイハイをしましょう。」
「ボールを手で持ってはいけないのですから，四つんばいになって，手と足の間にボールを入れて，転がせばいいのです。」
「そんなの簡単ですか？　じゃあ，やってみてください。やってみると，なかなか，むずかしいですよ。」

「では，お部屋をかたづけて，みんなで練習してみましょう。」
「だれが，一番うまく運べるかな？」

　子どもたちの様子をよく見て，危険のないように，うまく運べている子のまねをして工夫するよう，うながしてください。

Ⅰ　3，4歳児のゲーム

「足を少し開いて，ひざをついて，ハイハイすると，やりやすいみたいですね。」
「でも，あんまりあわてると，ボールの上に乗っかって，転んでしまいますよ。」

　十分，練習の時間をとってから，競争をします。
「みなさん，うまくできるようになりましたので，競争をしてみましょう。こっちに集まってください。」

先生とお母さんへ

　ボールは，ドッジボール程度の大きさがよいでしょう。
　人数分のボールが用意できない場合は，グループ別に練習して，リレー形式で，競争するようにしてください。
　運ぶ距離は，5〜7メートル程度が，ちょうどいいようです。

31　新聞ロボットの行進だい

新聞紙で作った洋服が，破れないように歩いて競争をします。

「いまから，先生はロボットになります。」
「ここにある新聞紙をつかって，みなさんで，先生ロボットの洋服を作ってください。」
「先生ロボットは，じっとしていますから，セロハンテープで，じょうずに，新聞紙をはりつけてくださいね。」
「あれあれ，何もしていないのに，破れてしまいましたよ。破れたところは，セロハンテープではって，修理してください。」
「先生ロボットが，歩いたり，手を動かしたりできるように，工夫しながらはりつけてくださいね。」

「さあ，できあがりました。先生ロボットのスタイルは，どうですか？　手をあげてみますよ。歩いてみますよ。動いても破れませんね。とても，じょうずにできました。みんな，ありがとう。」

「では，こんどは，お友だちをロボットにして，洋服を着せてあげましょう。」
「5人組のグループに分かれてください。その中の1人がロボットになりますよ。ロボットになった人は，じっとして動かないようにしていましょう。」
「新聞紙とセロハンテープを分けてあげましょうね。もらったグループから，はじめてください。」

I　3，4歳児のゲーム

「先生ロボットと同じように，手や足を動かしても破れないように，工夫しながら，はりつけてください。」

「もう，上着ができていますね。手は動かせますか？　うまく，できましたね。では，ズボンも工夫して，作ってくださいね。」

「さあ，どのグループもできあがりましたね。いろんな形の洋服があって，おもしろいですね。」

「それでは，これからロボットの競争をしましょう。」

「ロボットさんたちは，この線にそって，1列に並んでください。そして，あの旗のところまで，だれが一番早く行けるか競争します。」

「途中で，洋服が破れてしまったら，負けですよ。洋服が破れないように，注意しながら，歩いてくださいね。」

「みなさんは，自分のグループのロボットが勝つように，応援をしてあげましょう。」

「いいですか？　では，用意，スタート！」

● 先生とお母さんへ ●

最後は，グループごとに，新聞紙の洋服を破って脱がせて，ごみ箱にかたづける競争をさせます。

32 人形さん　起きなさい

　先生があやつる人形といっしょに，寝たり起きて立ったりする遊びです。

　「ここに人形があります。今から，人形さんがみなさんにごあいさつをしますよ。」
人　形：「みなさん，こんにちは。」
　人形を顔の前にだして動かし，人形が話しているように，演出してください。
人　形：「さあ，これからお部屋の中を散歩に出かけようっと。あら，ここにあるのは何かしら。みんな，これはなあに？」
子どもたち：「黒板！」
人　形：「コクバンって何ですか？」
子どもたち：「何かかくもの。」
人　形：「これに何かかけるの？　ああ，この白い棒でかくのね。ほんとうだ，よくかけるね。おもしろいなぁ。このお部屋の中には，いろいろなものがあるね。」
　これは，なあに？　と，子どもたちに聞いては教えてもらい，興味深そうに，部屋中を歩き回り，元のところに戻ってきます。
　「ああ，くたびれた。たくさん歩いて疲れちゃった。このへんで，お昼寝をしようかな」といって，人形を机の上に寝かせます。
　「あらら，お人形さん，こんなところで寝てしまいましたね。こんなところで寝てしまって，風邪をひかないかしら。みんな，どう思いますか？　だめですよねぇ。先生が起こしてみましょう。」

I　3，4歳児のゲーム

「お人形さん，お人形さん。起きなさい。」

「ぐっすり寝てしまって，起きませんね。じゃあ，みんなで，いっしょに，声をそろえて起こしてみましょう。」

「お人形さん，お人形さん。起きなさい。」

「あら，起きたみたいですね。でもなんだか，まだ眠そうです。あらら，居眠りをはじめてしまいましたね。」

「今日はとても，つかれているようなので，少し寝かせてあげましょう。みなさんも，お人形さんといっしょに，静かに寝てください。」

「先生が，起きなさいといったら，お人形さんといっしょに，元気に起きて，きちんと立ってくださいね。」

「起きなさい。」

「そうです。よくできました。では，寝なさいといったら，早く寝ることにしますよ。」

「寝なさい。」

先生とお母さんへ

「起きなさい」「寝なさい」は，早くいったり，ゆっくりいったりして，変化をつけてください。

必ずしも交互にいわず，「寝なさい」のあとにもう一度「寝なさい」と，いったりすると楽しくなります。

33　手をあげて

先生の声にあわせて，手をあげたり，おろしたりします。

「みなさん，両手を上にあげてください。そうです。まっすぐ上に伸ばしましょう。」
「ハイ，おろして。」

「こんどは，先生の声にあわせて，なるべく速く，上にあげてみましょう。先生も早口で，言いますよ。」
「上にあげて。」
「ハイ，おろしましょう。」
「もう1回，上にあげて。」
「ハイ，おろしましょう。」

「もっともっと，できるだけ速くやってみましょう。」
「あげて。」
「ずいぶん速くできましたね。」
「ハイ，おろしましょう。」

「では，今よりも，もっと速くできますか？」
「やってみましょう。」

「速く!」
「すごく速くあがりましたね。」
「ハイ,おろしましょう。」

「次は,先生の声にあわせて,ゆっくり手をあげてください。」
「ゆっくり,手を〜上に〜あげま〜す。」
「そうです。じょうずにできましたね。」

「じゃあ,こんどは,こういうのはできるかしら。」
「上でポン。下でポン。」
「両手をあげて頭の上で手をたたいて,両手をおろしてからもう1回手をたたきますよ。」
「先生といっしょにやってみましょう。」
「上でポン。下でポン。上でポン。下でポン。」

「では,先生の声にあわせて,やってみましょう。先生はやりませんよ。よく聞いてやってください。」
「上でポン。下でポン。上でポン。下でポン。上でポン。下でポン。上でポン。下でポン。上でポン。下でポン。」
だんだん速くしたり,ゆっくりにしたり,変化をつけながら,続けます。

● 先生とお母さんへ ●

手がぶつかることのないよう,子どもたちの間隔に,目をくばってください。
あまり速くなりすぎないよう,子どもたちの様子を見ながら,注意しておこなってください。

34 くすぐりっこ

最初は，2人1組で，最後は，全員で輪になって，くすぐりっこをします。

「みなさん，くすぐるって，知っていますか。」
「では，自分の手を，自分でくすぐってみましょう。」
「どう？　どんな感じで，どんな気持ちがしますか？」
「次は，自分の足の裏を，自分でくすぐってみましょう。」
「さあ，どうでしたか？」

「では，2人組になってください。」
「2人1組で向かい合って，相手の手のひらを，お互いにくすぐりっこしてみましょう。先に手をひっこめてしまった人の負けですよ。」
「先生の合図で，はじめましょう。いいですね。」
「1，2の3！」

「次は，床に座って，相手の人の足の裏を，くすぐりっこしてみましょう。手のひらより，がまんするのが大変になりますよ。」
「1，2の3！」

「はい，やめてください。どちらが，がまん強かったかしら。」
「勝負が決まったら，くすぐるのを，やめてくださいね。いつまでも，くすぐっていては，ダメですよ。」

I　3，4歳児のゲーム

「じゃあ，こんどは，みんなで丸くなって，隣の人の手のひらを，くすぐりっこしてみましょう。手を動かして，逃げたら負けになりますよ。」
「1，2の3！」

「はい，やめてください。ずいぶん，がまん強い子もいますね。」
「では，みんなで丸くねころんで，前の人の足の裏を，くすぐりっこしてみましょう。足が動いたら負けですよ。」
「1，2の3！」

先生とお母さんへ

くすぐる時間は，長くても10～15秒くらいが適当です。あまり長く続けると，調子に乗りすぎる子もでてきて，収拾がつかなくなってしまします。

じゃんけんで，くすぐる子を決めるようにしてもいいでしょう。

35　床プール

教室をプールに見たてて，泳ぐまねをして遊びます。

「みなさんは，水の中で泳いだことがありますか？　まだ，泳いだことのない人もいるでしょうね。」

「今日は，このお部屋の中をプールだと思って，みんなで泳いで遊びましょう。」

「さあ，水着になったつもりで。泳ぐ前には，必ず準備体操をしましょう。」

「1，2，3，4。手足をしっかり，曲げたり，伸ばしたりしてくださいね。」

「はい，準備体操は終わりです。」

「では，水に入ってみましょう。ここから先がプールですよ。」

「はじめは，静かに入りましょうね。」

「まず，顔を水につけてみましょう。どうですか，冷たいですか。」

「次は，自分の足に水をかけてみましょう。」

「こんどは，静かに，しゃがんでみます。」

子どもたちが，できるだけイメージしやすいように，ことばかけを工夫してください。

「さあ，立ってください。みんなで，お友だちに水をかけてみましょう。だれが一番たくさん，かけられるかな。」

「すごいですね。たくさん水がかかりました。では，水からあがって，みんなプールの回りにいってください。」

「これから，いよいよ泳ぎますよ。みんないっしょだと，プールが満員になってしまいますから，半分ずつ泳ぐことにしましょう。」

「じゃあ，ここから半分の人から泳いでみましょう。残りの人は，だれが一番じょうずに泳げるか，見ていてくださいね。」

「ずいぶん速い人もいますね。でも，人をけとばしたり，ぶつかったりするのは，いけませんよ。」

「お友だちと2人で，手をつないで泳げる人はいますか。やってみてください。」

「あっ，3人で手をつないで泳いでいる人もいます。すごいですね。」

「では，ここに机を置いてみましょう。机の下はトンネルです。トンネルの中を泳いで通ってみてください。そうです。じょうずですね。」

「では，同じトンネルを2つ作って競争してみましょう。」

先生とお母さんへ

　床の上は，あらかじめ，危険なものが落ちていないか，よく確認して清掃しておきます。

　机をいくつかつなげて，長いトンネルにしてもいいでしょう。

Ⅱ
5, 6歳児のゲーム

1 お手々ケン玉

ひも，針金，粘土を使って，手づくりのケン玉遊びをします。

「ここに，1本の針金，1本のひも，それに粘土があります。」
「これから，いったい何ができるでしょう？」
「考えても，わからないでしょう。とってもおもしろいものになるから，先生のすることを，よく見ていてくださいね。」

「まず，針金で丸い輪を作ります。こわれないようにねじって，しっかり輪にしておきますよ。」
「それから，この輪にひもを結びます。結んだところがはずれないように，セロハンテープでとめておきましょう。」
「そして，針金のまわりに粘土をからませて，もっと太い輪にしますよ。そうすると，ほら，ひもの先にドーナツがぶらさがったようになりましたね。これで完成です。」

「これで，どうやって遊ぶかわかりますか？ こうして，ひもの先を手で握ります。そうです，手でケン玉ごっこをします。このドーナツみたいな輪が，ケン玉の玉の代わりで，これを手にひっかけます。」
「では，1人1つずつ，自分のケン玉を作ってみましょう。」

子どもたちに，材料を配って，ケン玉作りをします。針金の先端で，ケガをすることのないよう，注意して進めてください。

Ⅱ　5，6歳児のゲーム

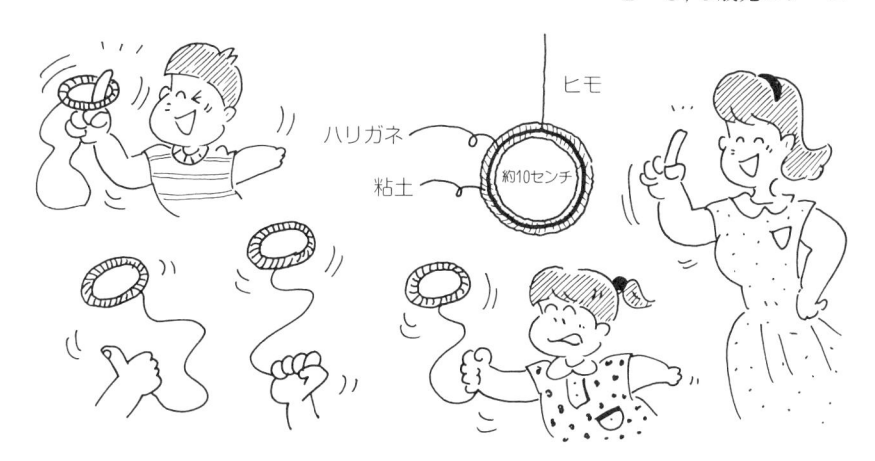

「みなさん，できましたね。」
「では，ひもの先を手で握ってください。ひもを持った手は，ゲンコにしてくださいね。ひもの先でブラブラしている輪に，勢いをつけて，ぐるっと回して……，はい！　ゲンコに輪がとおれば成功です。反対の手を使ってはいけませんよ。」
「うまくできますか？」

「こんどは，人さし指を出して，ひもを握ってください。先生が合図したら，人さし指に輪をひっかけますよ。だれが一番早いかな。」
「用意，ドン！」

● 先生とお母さんへ ●

　針金の長さは，輪の直径が10センチくらいになるように，調整しておきます。
　年少児の場合は，あらかじめ輪を作って，ひもを結んでおいてください。粘土をつけるところは，子どもにやらせましょう。
　自分の手をケン玉の一部にしているところがポイントです。げんこつ，人さし指，親指など，手の形をかえて楽しんでください。

2　飛行機あそび

　ゲーム性を持たせた，飛行機ごっこです。2組に分かれて，おこないます。

　2つの飛行場の場所を決め，それぞれの飛行場を，赤組と白組に分けます。
　「ブランコのまわりが赤組さんの飛行場，向こうのすべり台のところを白組さんの飛行場にしましょう。」
　「先生が合図をしたら，両手を大きく横に伸ばして飛行機になって，飛行場から出発します。自由に，思いっきりかけ足をして，飛びまわりましょう。」

　「自分と違う組の人の飛行機がそばにきたら，お互いに，手のひらと手のひらで，パンとタッチします。そして，その人とじゃんけんをしましょう。」
　「じゃんけんに負けた人は，勝った人のうしろにつながって，飛行機のお客さんになります。」
　「勝った人は，自分の組の飛行場まで，お客さんを連れていきます。飛行場についたら，お客さんをおろして，また，飛行機になって飛んでいきましょう。」
　「さあ，どちらの組が，たくさんお客さんを運べるかな。」
　「では，自分の組の飛行場に集まってください。」
　「準備は，いいですか。」
　「用意，スタート！」

Ⅱ　5，6歳児のゲーム

先生とお母さんへ

　次のようなルールにして，長い飛行機を作っていくようにしても，楽しく遊べます。
① 　2人組になって，1人が飛行機，もう1人がお客さんになって，飛びはじめます。
② 　他の子の飛行機が近づいてきたら，タッチしてじゃんけんをします。
③ 　じゃんけんに勝った飛行機は，負けた飛行機からお客さんを1人取ることができます。
④ 　お客さんのいない飛行機がじゃんけんに負けたときは，自分が相手の飛行機のお客さんになります。

3 違いくらべ

身近にあるいろんなものの，特徴に注目させる遊びです。

子ども用のいすを手に取って「みなさん，これは何ですか？」
「そう，いすですね。」
ピアノ用のいすを指して「じゃあ，こっちはなあに？」
「そうね。ピアノのいすです。」

「このいすと，ピアノのいす。どっちもいすだけど，どこがどう違うか，違うところをさがして言ってみてください。」
「色が違う。」
「大きさが違う。」
「横に長い。」
「座るところが，柔らかい。」
「背もたれがない。」
「高さがかわる。」

「そうですね，いすはいすでも，ずいぶん違うところがありますね。じゃあ，このいすと，あっちのいすは，どう違いますか？」
「丸い。」
「足が3本。」
「足が鉄で，できていて細い。」
「穴があいてる。」

Ⅱ　5，6歳児のゲーム

「次は，いすとやかんは，どこが違うか考えてみましょう。全然違う？　1つずつ違うところを言ってみてね。」

　子どもたちがなれてきたら，反対に，先生が特徴をあげて，それに合うものを答えさせます。
「こんどは逆に，いすのほかに，この部屋にあるものの中で，足が4本あるものを，さがしてください。」
「じゃあ，音が出るものは？　四角いものは？」

先生とお母さんへ

　子どもを2～3人ずつ指名して，言わせるようにしてもいいでしょう。
　または，目かくしをして，ものにさわらせて，それが何かをあてさせます。どうしてわかったのかを聞くことで，そのものの特徴を確かめることができます。

4　鼻　紙

色と形の違う折り紙を使って，グループに分かれる遊びです。

　あらかじめ，赤，黄，青の折り紙を，丸，三角，四角に，1枚の4分の1程度の大きさで切り分けた紙片を，人数分用意しておきます。
　紙片を手に取り「みなさん，この形は何といいますか？」
「そう，四角ですね。」
「では，この形は？　そう，三角です。」
「じゃあ，これは？　そう，丸ですね。」
「では，この色は何色でしょう？」
「そう，赤色ですね。」
「じゃあ，これは？　そう，青色です。」
「では，この色は？　そう，黄色ですね。」
「ここに，いま見せた，違う色と形の紙が混ぜておいてあります。」
「どれでも好きなのを，1人1枚ずつ持っていってください。」

「さあ，みんな1枚ずつ持っていますね。」
「では，これから先生が，色の名前をいいますから，その色の紙を持っている人は，持っている手を，元気にあげてください。」
「黄色！」
「そうですね。先生によく見えるように，高くあげてください。」
「青！　そうです。」
「赤！　そう。先生がいう前に，あげちゃダメですよ。」
「こんどは，形です。元気にあげてください。」

「丸！　赤の人も，青の人も，黄色の人も，丸の形の人は，みんなあげてくださいね。」

「次は，三角！　はい，そうです。」

「最後は，四角！　おっ，速いですね。」

「では，こんどは，みんなが持っている紙の白い方を，鼻の頭にくっつけてください。ちょっとツバをつけると，よくつきますよ。」

「ついたら，落ちないように静かに，歩きまわってみましょう。」

「これから，先生が『形』といったら，同じ形の紙をつけている人どうしで，集まってください。」

「先生が『色』といったら，色別に集まってください。」

「紙が落ちてしまわないように，気をつけながら，でも急いで集まりますよ。さあ，どっちにしようかな。」

「色！」

先生とお母さんへ

紙の枚数は，色別，形別に集まったとき，それぞれ，ほぼ同じ人数になるよう調整してください。

ツバをつけることに抵抗があるようでしたら，粘着力の弱い両面テープなどを利用してください。

5　ジャンボパチンコ

輪ゴムをつないで作った，大きなパチンコで遊びます。

「ここに，輪ゴムがあります。」
「この輪ゴムを，こうしてつないでいくと，どんどん長いゴムひもにすることができます。」
「こんなに，長いゴムひもを作ってみましたよ。」
あらかじめ用意しておいた輪ゴムを，子どもたちの前に出します。
「ほら，ビュンビュンと，すごく伸びるでしょ。今日は，これを使って，お庭に大きなパチンコを作ってみましょう。みんな，お庭に出てみましょう。」

「大きな木のところに集まってください。」
「この木の枝の先に，ゴムひもの片方を，しっかりしばります。」
「もう片方は，下の地面にクイで打ち込みます。抜けると危ないので，しっかりと打ち込みますよ。」
「ハイ，できあがりです。」

「こんどは，このパチンコでとばす，タマを作りましょう。」
10センチ×5センチ程度の大きさに切った紙を，子どもたちにくださります。新聞のチラシなどが，よいでしょう。
「この紙を，こうやって，細長く折りたたんで，最後は半分に折って，タマを作ります。できましたか。できたら，自分のタマがわかるように，ペンで目印をつけてください。」

Ⅱ　5，6歳児のゲーム

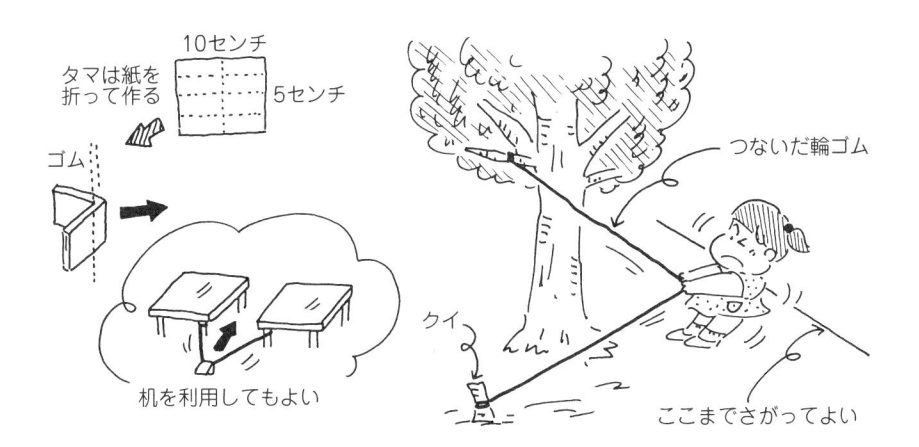

図中のラベル：
- タマは紙を折って作る
- 10センチ
- 5センチ
- ゴム
- 机を利用してもよい
- つないだ輪ゴム
- クイ
- ここまでさがってよい

「では，まず，先生がとばしてみます。」

「このタマで，こうしてゴムひものまん中をはさんで，グーンと引っぱります。」

「さあ，手を離しますよ。みなさん，離れてください。どこまでとぶかな？」

「1，2の3！」

「わあ，すごい。ビューンと，あんなに遠くまで，とんでいってしまいました。」

「さあ，みんな交替で，とばしてみましょう。」

「でも，あんまり引っぱりすぎると，危ないので，この線から後ろにはさがらないように，しましょうね。」

先生とお母さんへ

庭の木のほかに，鉄棒や机の脚なども利用できます。

単純なものでも，スケールを大きくすることで，違った楽しさを見つけることができます。

危険のないよう，子どもたちと遊ぶ前に何回か試して，ゴムの長さや，しばる場所，さがってもよい線などを決めておいてください。

6　お弁当まわし

　色紙を切ったり，丸めたり，工夫しながら，自分の好きなお弁当を作ります。できたお弁当は，友だちと交換します。

「みなさんに，ひとつずつ，粘土の箱をくばります。」
「えっ，中身が入っていないって？　それでいいんです。」
「今日は，この箱をお弁当箱ということにして，みなさんに，色紙を使って，中身を作ってもらいます。」

「みなさんの好きなものを作って，いっぱい入れてください。」
「卵焼きだったら，黄色の折り紙を丸めて，セロハンテープでとめておけばいいですね。」
「赤い紙を細く切れば，紅ショウガになりますね。ご飯は白い紙をちぎりましょう。」
「のり巻きは，白い紙を丸めて，そのまわりに黒い紙を巻いて作れますね。」
「みかんは，だいだい色の紙を丸めましょうか。」
「目玉焼きや，ソーセージはどうすればいいのかな？」
「どんどん作ってお弁当箱の中につめてください。中でご飯やおかずがまざらないように，細長い画用紙を使って，しきりをしておきましょう。」

「お弁当ができあがった人は、ふたをしめましょう。」

「それではみなさん、できたお弁当を持って、丸く輪になって座ってください。」

「先生が合図をしたら、持っているお弁当箱を、自分の左にいる人にわたして、右にいる人の持っているお弁当箱を受け取ってください。」

「先生の手拍子に合わせて、ストップがかかるまで、次々にわたしていきますよ。手拍子が少しずつ速くなりますよ。お弁当の中身が飛び出してしまわないように、気をつけてくださいね。」

「ハイ、それじゃあ、ストップです。」

「みんな、ひとつずつ、お弁当を持っていますか。2個持っている人は、となりの人にあげてください。」

「では、自分のところにきたお弁当を開けてみましょう。どんなおかずが入っているか、楽しみですね。お友だちが、どんなものを好きなのかもわかりますね。」

先生とお母さんへ

プレゼントゲームの1種です。すぐに開けてしまわずに、中身を想像する時間を取るようにしましょう。

7　ヒヨコになりましょう

音楽に合わせながら，まねっこ遊びをします。

「みんなで手をつないで，大きな輪になってください。」
「これから，『メリーさんの羊』の曲が流れますよ。」
「音楽が流れたら，みんなで左手の方へ歩きましょう。手を前後に大きく振りながら，元気よく歩いてくださいね。」

「これから，先生が曲に合わせて，いろいろな動物の歌をうたいます。みなさんは，歌に合わせて，その動物のまねをしながら，あるいてください。」
「たとえば，ヒヨコだったら，からだを前に倒して両手を後ろにぴんとはって，よちよちと歩きましょう。」
「先生が歌をやめたら，最初のように，大きな輪になって左手の方に歩きましょう。」

♪ヒヨコさんに　なりましょう
♪なりましょう　なりましょう
♪ヒヨコさんに　なりましょう
♪ピヨ　ピヨ　ピヨ　ピヨ

子どもたちの様子を見ながら，同じ歌を数回くり返してください。

「みんなよくできました。では，もう一度大きな輪になって左手の方に歩きましょう。さあ，次は何になろうかな。」

♪うさぎさんに　なりましょう
♪なりましょう　なりましょう
♪うさぎさんに　なりましょう
♪ピヨン　ピヨン　ピヨン

♪ライオンに　なりましょう
♪なりましょう　なりましょう
♪ライオンに　なりましょう
♪ガオー　ガオー　ガオ　ガオ

♪ぞうさんに　なりましょう
♪なりましょう　なりましょう
♪ぞうさんに　なりましょう
♪のっし　のっし　のっし

● 先生とお母さんへ ●

　おサルさん，カエルさん，飛行機，お花など，いろいろ考えられます。自由に課題をあたえて，子どもたちといっしょに，楽しい動作を考えましょう。

8　粘土ペタンコ

　丸，三角，四角，星形などに切った色紙を，粘土の棒を使って，カルタ取りの要領で取り合います。

　２人１組になって，おこないます。丸，三角，四角，星形などに切った色紙を，全員分用意しておきます。各組とも同じ数になるようにしておいてください。
　「２人１組になってください。向かい合って座りますよ。」
　「さあ，ここにいろんな形の色紙があります。これを机の上に，バラバラに並べてください。」
　「そして，粘土をこねて太い棒を作って，お互いに１本ずつ持ちましょう。」

　「先生が『丸！』と言ったら，机の上から丸い色紙をさがして，粘土の棒で上からペッタンと押さえて，色紙を持ち上げて取ります。カルタ取りみたいですね。取れるのは，１回に１枚だけですよ。」
　「先に早く取った人が，その色紙をもらえます。」
　「遅れてしまった人は，残念だけど，次にがんばりましょう。」
　「２人同時だったときは，あいこです。色紙を元の場所に，戻しておきましょう。」

　「用意はいいですか？　はじめますよ。さあ，どの形かな，どこに何の形があるか，机の上をよく見ていてください。」
　「三角！」

「すごく，早く取れた人もいますね。負けないように，がんばってくださいね。」

「こんどは，色を言いますね。どの形でもいいですよ。」

「青！」

「みんな，早いですね。2人のどっちが早かったか，分からないときは，あいこですよ。色紙を元に戻してください。」

「じゃあ，次はちょっと，むずかしくなりますよ。よく聞いていてくださいね。」

「黄色い丸！」

先生とお母さんへ

はじめのうちは，色も形も少なめにしておきます。

慣れてきたら，色を増やしたり，雲，うさぎ，犬などの形を加えてもいいでしょう。

どちらが早かったかの判断は，できるだけ，子ども同士に決めさせてください。

9　鬼はさみ

走って逃げる子に，すばやく洗たくばさみをつける鬼ごっこです。

「お庭のまん中に，2本の線でまっすぐな道ができていますね。この道を使って，鬼ごっこをしてみましょう。」

「鬼になるお友だちが1人，先生の合図で，道のこちら側から，向こうの端までピューっと走ります。」

「鬼さん以外のお友だちは，道のまわりに並んでください。そして，1人2個ずつ，洗たくばさみを持ちます。」

「並ぶ場所はどこでもいいですが，鬼さんの通る道の中に入ってはいけません。」

「先生の合図で，鬼さんが道をピューっと走ってきたら，まわりに立っているお友だちは，自分の前を走る鬼さんの洋服に，すばやく洗たくばさみをつけてください。」

「でも，鬼さんをつかまえたり，走るのをじゃましてはいけませんよ。すばやく，洋服に洗たくばさみをつけてください。」

「顔や手をはさんだら，鬼さんが痛くてたまりません。洋服の袖や背中をはさむようにしましょう。」

「鬼さんは，はさまれないように，できるだけ早く走って，向こう側まで逃げましょう。」

「道の外に出たり，まわりのお友だちにぶつかったりしては，いけませんよ。」

「では，やってみましょう。いきますよ。」
「用意，ドン！」

「さあ。いくつ洗たくばさみがついているか，数えてみましょう。全部で5つですね。」
「では，次の鬼さんと交替しましょう。1人ずつ鬼になって，つけられた洗たくばさみが，一番少なかった人が勝ちです。」

先生とお母さんへ

2本の線の道幅は，1メートルぐらいが良いでしょう。道の長さは，子どもたちの人数に応じて，調整してください。

洗たくばさみをつける要領がつかめたら，1人2個ずつ洗たくばさみを持って，みんなで庭を自由に走りまわって，一定時間はさみっこをするようにしてもいいでしょう。

10 王様じゃんけん

　一番下の家来から，じゃんけんで勝ち進み，王様に挑戦するゲームです。王様に挑戦するには，王様の命令をきかなければなりません。

「みなさん，丸くなって，いすに座りましょう。」
「この中で，１人王様を決めます。♪だれにしようかな，神様の言うとおり……，ハイ，あなたが最初の王様です。」
「王様は，このかんむりをかぶってください。」
「他の人は，みんな王様の家来です。王様の左にいる人が，一番上の家来で，その左が次の家来です。ずうっと，ひとまわりすると，王様の右側にいる人が，一番下の家来ですね。」

「では，一番下の家来の人は，右隣の家来の人とじゃんけんをしてください。そして，じゃんけんに勝った人は，その右隣の家来の人とじゃんけんをしますよ。」
「こうして次々に，じゃんけんをしていくと，王様のところまでたどりつきますね。」
「王様のところまでだどりついたら，こう言いましょう。」
「王様，王様，どうか私を王様にしてください。」

「そう言われた王様は，その人に何かひとつ命令をすることができます。」
「たとえば，『ブタの顔のまねをしなさい』とか，『私の肩を10回たたきなさい』とか，『私のまわりを5回まわりなさい』とか，『ライオンの

くしゃみをしなさい』とかです。」

「王様に命令された家来は、かならず、そのとおりにしなければなりません。」

「王様の命令がうまくできたら、いよいよ、王様とじゃんけんをすることができます。」

「家来がじゃんけんに勝ったら、その人が新しい王様になります。かんむりを取って、自分の頭にのせて座ってください。」

「負けた王様は、一番下の家来になって、ひとつ上の家来の人と、じゃんけんをします。」

「王様がじゃんけんに勝ったら、その王様はかわりません。もう一度、一番下の家来の人から、じゃんけんをはじめます。」

先生とお母さんへ

最初の王様は、先生がやってもいいでしょう。

王様の注文は、あまり無理なことでないようにします。

人数が多すぎると、じゃんけんの順番が、なかなかまわってきませんので、グループを2つか3つに分けておこないましょう。

11 タッチ ダンス

みんなで楽しく，歌に合わせて，おどります。

「メリーさんの羊」のメロディに合わせて，みんなで次のように，うたいます。最初は，歌だけを練習してください。

♪ラララララ　ラララ　ラララ　ラララ
♪みんなで　歩こう　1　2　3

♪ラララララ　ラララ　ラララ　ラララ
♪みんなで　さよなら　1　2　3

男女2人組になり，男の子が内側，女の子が外側で，ダブル・サークルの大きな輪を作ります（図1）。

図1　　　　　　　　　　　図2

進行方向

逆進行方向

Ⅱ 5, 6歳児のゲーム

「♪ラララララ…… 歩こう 1 2 3」とうたいながら（16呼間），男の子は進行方向（反時計回り）へ，女の子は進行逆方向（時計回り）へ，それぞれ分かれて歩きます（図2）。

最後の「1 2 3」のときに，男の子は近くの女の子をタッチしてペアを作ります。

ペア同士，男の子の右手と女の子の左手をつなぎます。

「♪ラララララ…… さよなら 1 2 3」とうたいながら（16呼間），手をつないだまま，仲よく進行方向（反時計回り）へ進みます（図3）。

最後の「1 2 3」のときに，手を離して右手を振りながら，「さよなら」をしてお別れします。

先生とお母さんへ

紙面で説明すると，複雑に思えますが，実際にやってみると，それほど，むずかしくはないと思います。

うたいながら，楽しくおどれるように，練習してください。

分かりやすいように，男女のペアで説明しましたが，男女混合でも構いません。

内側の輪のグループと外側の輪のグループが，混ざってしまわないように，帽子の色などで区別するといいでしょう。

12　人間輪投げ

ダンボールで大きな輪を作って，人間を的にして輪投げをします。

「みなさんは，輪投げって知っていますか。」
「そうですね。棒が立っていて，それに輪が入るように投げる遊びですね。では，今日は人間輪投げをしてみましょう。」
「どうするのかって？　それはね，棒の代わりに人間が立っていて，そこに大きな輪を投げて入れるんです。おもしろそうでしょ。」
「ここにダンボールがあります。これを使って，大きな輪を作りましょう。先生が作ってみますから，誰かお手伝いをしてください。」
「こうして，細長く切ったダンボールを，ガムテープでつなぎます。こわれてしまわないように，両側からしっかりとめておきます。」
「さあ，これで大きな輪の完成です。みなさんも，同じように，お友だちに手伝ってもらいながら，1人ひとつずつ作ってください。」

「では，棒の代わりに立ってくれる人は，そこに並んでください。動かずにまっすぐ立っていてくださいね。」
「輪を投げる人は，こっちに集まってください。」
「順番に，1人ずつ投げてみましょう。投げ終わった人は，棒になっている人と，交替しましょう。」
「どうやって投げたら，うまく入るかな。工夫しながら，投げてみてくださいね。」
「次は，もっとたくさん輪を作って，人間輪投げ大会をすることにしましょう。」

「棒になってくれる人は，まん中に集まってください。」

「まわりから，みんなで一斉に輪を投げてみましょう。棒の人は，輪がぶつかっても痛くないように，顔に手をあててください。」

「いいですか。用意，スタート！」

「はずれた輪は，取りにいって，もう一度投げてください。」

「ハイ，おわりです。一番たくさん輪が入ったのは，どの棒の人かな。あっ，4つも入った人がいますね。では，投げる人と棒の人を交替して，もう一度，やってみましょう。」

「こんどは，ちょっと，むずかしくしてみましょう。棒の人は，目かくしをして，ゆっくり歩いてください。」

「こちらから，1人ずつ投げてみましょう。うまく入るかな。」

● 先生とお母さんへ ●

　ダンボールの輪は，正しい円でなくて構いません。ダンボールは，あまり固くないものを，選んでください。

　新聞紙を丸めたものをつないで，輪を作ってもいいでしょう。

13 しょうぎ倒し

お菓子などの空き箱を利用して，しょうぎ倒しをします。

「さあ，空き箱がたくさん集まりました。これを使って，おもしろいことをしてみますよ。」

「集めた箱を，ずーっと並べていきます。こうして，箱を立てて並べていくと，ほら，こんなに長い，箱の行列ができました。」

「一番前の箱を，こうやってちょっと指で押すと，ほら！ パタ，パタ，パタ，パタ……と，次々に箱が自分で倒れていって，一番最後の箱まで，みんな倒れてしまいました。不思議ですね。」

「１人ひとつずつ，箱をくばりますから，まず，箱に色紙をはって，おもしろい顔をつけてください。」

「箱の前にも後ろにも，笑った顔や，ぐりぐり目玉の顔や，しかめっ面とか，いろいろな顔を考えて作ってみましょう。」

「みんなおもしろい顔になりましたね。」

「では，できた箱を使って，２組に分かれて競争してみましょう。」

「この組はここから，そちらの組はそこから，向こうの壁に向かって箱をずーっと並べてください。」

「できるだけ遠くの方まで，並べてくださいね。箱と箱の間を離しすぎると，途中でストップしてしまいますよ。」

「でも，近づけすぎると，遠くまで並べられませんね。そこがむずかしいところです。お友だちと相談しながら，並べてください。」

「さあ，どちらの組が，早く並べおわるか競争です。」

「あらら，こちらの組は並べおわる前に，箱が倒れてしまいました。もう一度，やり直しです。」

「あわてて並べると，途中で箱が倒れてしまいますから，気をつけましょうね。」

「ハイ，どちらも並べおわりましたね。並べる競争は，そちらの組の勝ちでした。」

「でも，ほんとうの勝負はここからですよ。先生の合図で，一番前の箱をちょっとつつきます。できるだけたくさん，遠くの方まで倒れた組が勝ちです。」

「さあ，やってみましょう。それぞれの組で，誰が一番最初の箱を倒すか決めてください。」

「用意はいいですか？」

「いきますよ，用意，ドン！」

先生とお母さんへ

空き箱は，厚みのないものの方が倒れやすく，おもしろくなります。大きさは，あえてそろえない方がいいでしょう。

遠くまで全部倒れるような並べ方を，子どもたち同士に，工夫させてください。

直線だけでなく，曲線的にならべてみる実験もしてみましょう。

14　ぼうしをちょうだい

　輪になった綱を引き合う，比較的狭いスペースでもできる，ちょっと変わった綱引きです。

　「2人組を作りましょう。」
　「2人でじゃんけんをして，勝った人と負けた人に分かれます。勝った人は，こっちに集まってください。」
　「ここに，輪になった長い綱があります。勝った人は，この綱を両手にしっかり持って，外側に引っぱるようにして，できるだけ丸くひろがりましょう。」
　「綱がピンとはるようにしてくださいね。」

　「負けた人は，ぼうしを持って，さっきじゃんけんをした相手の人の後ろに，ぴったりと立ってください。そして，そこから後ろに，大きく1歩さがります。」
　「これで，綱を持っている人には，手が届きませんね。ぼうしを持っている人は，そこから動いてはいけませんよ。」

　「先生が合図をしたら，綱を持っている人は，両手で綱を持ったまま引っぱり合いながら，自分の後ろにいる人のところに，近づいていってくださいね。」
　「ぼうしを持っている人は，前にいる綱を持った人が，手の届くところまで近づいてきたら，持っているぼうしをかぶせてあげてください。ぼうしを持っている人は，自分から近づいてはダメですよ。」

「さあ，先生が『止め』と言うまでに，みんな，ぼうしをかぶせてもらうことが，できるでしょうか。」
「準備はいいですか。」
「用意，スタート！」

先生とお母さんへ

２回目は，綱を持つ子と，ぼうしを持つ子を交替してください。

綱は途中で切れたりすることのないよう，太めのものを用意してください。また，細すぎると，手を傷めることがあります。必要に応じて，軍手などを用意してください。

ぼうしを持つ子が動いてしまわないよう，足元に丸を描いてもいいでしょう。慣れてきたら，ぼうしを持つ子を，少しずつ後ろにさげて，やってみましょう。

15　わたしのことばを聞いとくれ

先生が話す不思議なことばを聞き取って，そっくりまねをします。

「これから，先生が話すことばをよく聞いて，先生が『はい！』と言ったら，みんなでまねしてくださいね。」
「わたしのことばを聞いとくれ。ほら，聞いとくれ。聞いとくれ。」
「わたしのことばを聞いとくれ，『パーチャ，パーチャ，パーピッピ』ハイ！」
「ぱーちゃ……？」
「むずかしかったかな？　もう一回やりますよ。」

「わたしのことばを聞いとくれ。ほら，聞いとくれ。聞いとくれ。」
「わたしのことばを聞いとくれ。『パーチャ，パーチャ，パーピッピ』はい！」
「パーチャ，パーチャ，パーピッピ」
「そうです，よくできました。」
「じゃあ，こんどは違うことばですよ。」

「わたしのことばを聞いとくれ。ほら聞いとくれ。ほら聞いとくれ。わたしのことばを聞いとくれ。ほら聞いとくれ。『トット，トトット，トテテッテ』はい！」
「トット，トトット，トテテッテ」
「そうです。すごいですね。1回で，できました。」

「じゃあ、こんどは、先生が『はい！』と、言うときに指を何本か出します。みなさんは、それを見て、指が2本だったら2回、3本だったら3回、指の数だけことばをくり返して言ってください。」

「わたしのことばを聞いとくれ。ほら聞いとくれ。ほら聞いとくれ。わたしのことばを聞いとくれ。ほら聞いとくれ。『からすが鳴いた、カアカアカア』はい！」と、指を3本出します。
　「からすが鳴いた、カアカアカア。からすが鳴いた、カアカアカア。からすが鳴いた、カアカアカア。」
　「そうです。もうやり方は、わかりましたね。」

「次は、先生の右側にいる人と、左側にいる人の2組に分かれて、やってみましょう。」
　「やり方は、さっきまでと同じです。でも、指を出すときに、左側の人には2本、右側の人には3本というように、違う数にしますから、よく指を見て、まちがえないようにしましょう。」

● 先生とお母さんへ ●

　ことばは、大きな声ではっきりと言ってあげてください。
　「ほら聞いとくれ」は、そのときの調子で、何回くり返してもかまいません。

16　洋服部屋飾り

　洋服を部屋の壁に画びょうでとめ，あとから画用紙などで，身体を作ります。不思議なポーズの人形ができあがります。

「今日は，みなさんに洋服を１着ずつ，持ってきてもらいました。」
「Ｔシャツの人も，半ズボンの人もいますね。セーターやエプロンを持ってきてくれた人もいます。」
「それでは，これからその洋服をお部屋の壁に，画びょうでとめてください。」
「どんな形にとめてもいいですよ。横にしたり斜めにしたり，逆さまにしても構いません。」
「落っこちてしまわないように，しっかりとめてくださいね。では，はじめてください。」

「さあ，できました。壁が洋服でいっぱいになりましたね。では，これから，この洋服に頭や手や足や胴体をつけて，人形を作ってみましょう。」
「ここに，色紙や画用紙，クレヨンやマジック，はさみやセロハンテープ，のりなどがありますから，好きなように使って，人形の体を作って，洋服のそばにとめましょう。」

「たとえば，ここにシャツとズボンがとめてありますね。」
「こういうときは，こうして画用紙でお腹を作って，シャツとズボンの間をつないであげます。」

「そして，お腹のまん中におへそを描いて，画用紙で作った頭と手足をつけて……，ほら，ずいぶん体の長い人形になりましたね。」

「では，みなさんもやってみてください。どの洋服をどんな風につなげても，いいですよ。」

「手や足の長さも自由です。手足の先に，手袋や靴下をとめても，おもしろいですね。」

「目や口などの細かいところは，別の色紙を切って作ってから，画用紙で作った頭の上に，貼ればいいですね。」

「人形同士が，手をつないだり，走ったり，羽ばたいたり，お隣の人形の頭をつついたり……，いろいろなポーズを考えて，作ってくださいね。」

先生とお母さんへ

洋服は，多少汚れたり，穴があいたりしても構わないものを，用意してください。

ロープなどで，手，足，首を作ってもいいでしょう。

無作為に壁にとめられた洋服が，いろいろなポーズの人形に生まれ変わるイメージを，大切にしましょう。

17　ニュートンのお豆

　穴のあいた箱を使って，上から下へ，こぼさないように小豆をリレーします。

　「では，3人1組になってください。」
　「これから，1人にひとつずつ箱をくばります。今日は，この箱を使ってゲームをしましょう。」
　「みなさん，自分の箱をよく見てください。3人のうち，2人の箱のには，底に小さな穴があいています。もうひとつの箱には，穴があいていませんね。」
　「こうして，一番上に穴あき箱を1人が差し出したら，そのすぐ下にもう1人が別の穴あき箱を差し出します。」
　「そして，そのまた下に，穴のあいていない箱を差し出してください。一番下が，穴のない箱ですよ。」

「ここに小豆が30粒あります。先生が今から，一番上の箱にこの小豆を全部入れます。そうしたら，一番上の箱を持った人は，箱をうまくゆすって，できるだけ早く小豆を穴から下へ落としてください。」

「まん中の箱の人は，上から小豆がどんどん落ちてきますから，小豆が箱からこぼれないように，うまくキャッチして，また自分の箱の穴から下へ小豆を落としてください。」

「一番下の箱の人は，上から落ちてくる小豆をこぼさないように，箱でキャッチしてください。」

「一度こぼれてしまった小豆は，箱の中に戻してはいけません。」

「こうやって，一番上の箱に入れた小豆を，順々に下の箱へ移していきます。」

「先生が20数えるうちに，小豆をいくつ一番下の箱に入れられるか1組ずつ，競争してみましょう。」

「最後に，一番下の箱に入った小豆が多い組が1等賞です。」

先生とお母さんへ

箱は，和菓子の空き箱など，底が正方形に近いものを利用してください。

底の穴は，直径2センチくらいが適当です。豆の大きさや，数に合わせて調節してください。

全員の箱を穴あきにして，一番下に別の受け皿を用意してもいいでしょう。

3人で協力して，うまく小豆をリレーするには，どうすればいいか，工夫させてください。

18 電車

電車の数が，どんどん増えていく，電車ごっこです。

「みんな手をつないで，大きな輪を作ってください。」
「みなさん，電車ごっこは好きですか？」
「じゃあ今日は，いつもと違う電車ごっこをしてみましょう。」
「あとから次々に電車が増えていく電車ごっこです。最初は１人のお友だちに，電車になってもらいますよ。」
「最初に電車になってくれる人は，手をあげて。じゃあ，あなたにお願いしましょう。」
「ほかの人は，みんなで手をつないで，トンネルになりましょう。隣の人とつないだ手と手の間がトンネルです。」

「音楽が鳴りはじめたら，電車の人は，つないだ手の間を，入ったり出たりしながら，ジグザグに進みます。」
「音楽がとまったら，電車の人もその場にとまってください。」
「そして，電車の人は，一番近くにいる人と２人組になって，新しい電車を作ります。２人組の電車ですね。」
「トンネルの人は，電車になった人の間をつめて，手をつなぎなおしてください。」

「また，音楽が鳴りはじめたら，２人組の電車の人は，前後に手をつないだまま，さっきと同じように，ジグザグにトンネルをくぐりながら，進みます。」

「こんど音楽がとまったら，電車の人は，これまでの人と分かれて，新しい2人組の電車を作ります。2人組の電車が2つできますね。」

「そしてまた，音楽に合わせて，ジグザグにトンネルをくぐっていきましょう。」

「音楽がとまったら，また新しい2人組の電車を作ります。2人組の電車が4つできますよ。こうやって，どんどん電車の数を増やしていきます。」

「電車の数が増えると，トンネルの人の輪が小さくなってきますね。途中で，脱線や衝突をしないように，気をつけましょう。」

「ジグザグに進めなかったり，2人組の手が離れてしまった電車の人は，輪の外に出て座ってください。」

● 先生とお母さんへ ●

音楽を流す回数は，全体の人数に応じて決めてください。電車をイメージできる曲があればベストですが，楽しい曲なら，どんなものでも使えます。

人数が多いときは，最初の電車を2人にして，離れたところからスタートさせてもいいでしょう。

19　お米はおどる

　紙の上にばらまいたお米の粒を，1粒ずつ線で結んで，一筆書きの絵を完成させます。

　「これから，みなさんに色紙を配ります。まだ，さわらずに机の上に広げておいてくださいね。」
　「それから，このお米の粒をみなさんに渡しますよ。こぼさないように受け取ってくださいね。」
　「みんな受け取りましたか？」
　「それでは，おまじないをかけながら，手の中のお米を，色紙の上にパラパラと落としてください。」
　「チチンプイプイ……。」
　「色紙の上で，お米があっちへ飛び，こっちへ飛び，いろいろなところに飛び散りましたね。そのまま動かしてはいけませんよ。」
　「では，色紙の外に飛んでしまったお米だけ，ひろって先生に返してください。色紙の上のお米は，そのままですよ。」

　「それでは，クレヨンの中から好きな色を出してください。これから，色紙の上のお米たちを，1つずつ，線でつないでみましょう。」
　「どのお米からはじめてもいいですから，お米とお米をクレヨンで線を引いて，つないでいってください。」
　「2つつないだらそのまま，3つ目のお米をつなぎましょう。線はまっすぐでも，曲がりくねっても構いません。ほかのお米にぶつからないように，遠くのお米まで伸ばしてもいいですよ。」

「そうすると，1本の線がお米をつなぎながら，どんどん伸びていきますね。お米は最初に，ばらまいた場所からできるだけ動かさないようにしましょう。」

「線と線は重なってもいいですよ。途中から違う色にかえても，おもしろいですね。」

「まだ，つないでないお米がないか，よくさがしてください。」

「全部のお米をつないだら，最初のお米とつないでください。」

「さあこれで，全部のお米がつながりました。」

「では，色紙を持ち上げて，お米を落としてみましょう。」

「ほら，色紙の上に，とってもおもしろい模様ができましたね。隣のお友とくらべてみてください。同じ模様の人は1人もいませんね。」

先生とお母さんへ

お米のかわりに，小豆，小石，砂なども使えます。

色紙は，ラシャ紙のような表面に凹凸のある紙の方が，米粒がとどまりやすいでしょう。

できた模様を見比べて，みんなで感想を言い合うのを忘れないでください。

20　ヒップボール

　おしりをうまく使って，いすの上に置かれたボールを，はじき飛ばす遊びです。

「1列に並んだいすの上に，いろんなボールが乗っていますね。」
「みなさんは，いすに背中を向けて立ってください。」
「そうしたら，1，2の3で，おしりをうんとつき出して，いすの上のボールを飛ばしてください。」
「ボールにさわっていいのは，おしりだけです。」
「手や足で，ボールをはじくのはダメですよ。」
「では，やってみてください。あわてて，いすごとひっくり返さないように気をつけてね。」

「ビーチボールとかドッジボールとか，いろんなボールがありますから，どれが一番よく飛ぶか，みなさん，自分のおしりで確かめてみましょう。」
「飛ばし方も，工夫してくださいね。からだをうんと曲げないと，なかなか飛びませんよ。」

「みんな，だいぶうまくなってきましたね。じゃあ，だれが一番遠くまでとばせるか，くらべてみましょう。」
「自分が，一番遠くまで飛ばす自信のあるボールをえらんでね。」
「では，1人ずつ，順番にやってもらいましょう。」

Ⅱ　5，6歳児のゲーム

「さて，こんどは床の上に，先生がチョークで丸を描きます。」

「この丸の中に，ぴったりボールがとまるように，おしりで飛ばしてみましょう。」

「これは，なかなかむずかしいですよ。」

「さあ，誰から挑戦しますか？」

先生とお母さんへ

いすは，肘掛けや背もたれのないスツールがいいでしょう。背もたれのあるいすしか用意できない場合は，横向きにして，背もたれのない端の方にボールを置きます。

子どもたちの体格に合わせられるよう，高さの違ういすがあるといいでしょう。

21　怪じゅうゴミラ

　紙くずなどのゴミが，室内に散らばったときに使える，かたづけ遊びです。

　「みなさん，新聞紙を1枚ずつ取ってください。」
　「その新聞紙を広げたままでも，丸めたりしても構いませんから，片手だけで持ってください。」
　「先生が，合図をしたら，その新聞紙を，あいている手で，ちぎって丸めて，人のいないところへ向かって，どんどん投げてください。」
　「わざと，誰かにぶつけてはいけません。」
　「どんなに破いても構いませんから，どんどん投げましょう。」
　「いいですか，では，用意，スタート！」

　「はい，みんな手に持った新聞紙がなくなりましたね。」
　「そのかわりに，床の上が丸めた紙くずでいっぱいです。」
　「こんどは，くずかごをお部屋のまん中に置きますから，先生の合図で，床の紙くずをひろって，くずかごの中に投げ入れてください。」
　「ただ投げ入れるのでは，簡単すぎますから，みんなの中から，怪じゅうゴミラを3人決めます。」
　「ゴミラは，散らかったお部屋が大好きな怪じゅうです。だから，みんなが紙くずをひろって，くずかごに入れるのをじゃまします。」
　「ゴミラになった人は，紙くずがくずかごの中に入らないように，うちわで，たたき落としましょう。」
　「ほかのみんなは，ゴミラのうちわにぶつからないように，うまく紙

くずを，くずかごの中に入れましょう。床に紙くずがひとつでも残っていると，ゴミラは退治できませんよ。」
「では，はじめましょう。用意，ドン！」

先生とお母さんへ

　いつもはできない，部屋の中をわざと散らかすような遊びを，あえて思いっきりすることで，子どもの気持ちをスッキリさせることを，ねらっています。

　はり絵遊びなどがおわったあとに，お部屋の掃除をさせるときにも使える遊びです。

　大きなくずかごがないときは，ダンボール箱の中にゴミ袋を広げたものでいいでしょう。

22 折り紙重ね切り

折り紙を半分に折って切り抜き，偶然できる絵模様を楽しみます。

「好きな色の折り紙を１枚取って，ちょうど半分の大きさになるように，折ってください。」

「きれいに２つ折りにできたら，はさみを使って，折り目のところを，なるべく大きく切り抜きます。まっすぐでも，ジグザグでも，どんな形でも構いませんよ。」

「折り目のところから切りはじめて，最後も折り目のところで切りおわるようにしてくださいね。できましたか。」

「そうしたら，切り抜いた中の紙を取って，半分に折ったまま，もう１回切り抜いてみましょう。自分の好きな形でいいですよ。」

「それができたら，また同じように，中の紙を切り抜いてください。いくつ切り抜けるかな。」

「さあ，みんな，いくつ切り抜けましたか。４つの人も，５つの人もいますね。」

「では，切り抜いた紙を，全部広げて並べてみましょう。どうなっていますか。」

「穴のあいた，不思議な模様になっていますね。」

「それを，順番にはめ込んでみると，どうなるでしょう。」

「そうですね。切った線はあっても，元通りの四角に並べて戻すことができますね。」

Ⅱ　5,6歳児のゲーム

「こんどは，色の違う折り紙を2枚重ねて，さっきと同じように，何回も切り抜いてみましょう。」

「切り抜いた紙を広げてみると，どうですか。違う色で同じ形の紙が，2枚ずつできていますね。」

「では，さっきと同じように，元の四角になるように並べてみましょう。色違いで同じ形の紙がありますから，わざと違う色の紙を，はめ込んでみましょう。」

「ほら，きれいな模様になりますね。画用紙に，のりで貼りつけて，お友だちの作った模様と，くらべてみることにしましょう。」

先生とお母さんへ

子どもたちが，2色の対比のおもしろさに，気づくよう助言してください。

23　くださいな

　お店に売っているものか，売っていないものかを判断して，売っているもののときだけ，声を出して返事をする遊びです。

　「これから，みなさんは，八百屋さんです。」
　「先生がお買い物にいきますよ。先生が『♪八百屋さん，八百屋さん，くださいな』といったら，みんなは声をそろえて『はい，はい』と，お返事してください。」
　「そうしたら，先生が買いたいものの名前を言います。」
　「みなさんは，それをよく聞いて，八百屋さんで売っているものだったら，声をそろえて『はい，はい』と，お返事してください。」
　「もし，先生が八百屋さんに売っていないものの名前を言ったら，みんな，お返事をしてはいけません。」
　「知らんぷりをして，黙っていましょう。『はい，はい』と，お返事したら，まちがいですよ。さあ，やってみましょう。」

　先　生「♪八百屋さん，八百屋さん，くださいな。」
　子ども「はい，はい！」
　先　生「だいこん。」
　子ども「はい，はい！」
　先　生「にんじん。」
　子ども「はい，はい！」
　先　生「きゃべつ。」
　子ども「はい，はい！」

先　生「かぼちゃ。」
子ども「はい，はい！」
先　生「かばん。」
子ども「…………。」

「そうですね。かばんは，八百屋さんにはありませんね。誰か『はい，はい』って言った人は，いませんでしたか？　じゃあ，こんどは，くだもの屋さんにいこうかな。」

先　生「♪くだもの屋さん，くだもの屋さん，くださいな。」
子ども「はい，はい！」
先　生「リンゴ。」
子ども「はい，はい！」
先　生「くつ。」
子ども「は………。」

● 先生とお母さんへ ●

　スーパーやコンビニなど，なんでもそろうお店で買い物をすませることが多くなりましたが，たまには子どもといっしょに，いろいろなお店の並んだ商店街を，散歩してみましょう。
　虫の名前，動物の名前，鳥の名前などでも楽しいでしょう。

24 そろり箱

空き箱をたくさん使って，将棋崩しの要領で遊びます。

「今日は，みなさんに空き箱を，持ってきてもらいました。いろいろな大きさの箱が，たくさん集まりましたね。」

「この箱を全部ドサドサっと，上から落とします。」

「そうすると，空き箱の山ができます。まわりに，散らばってしまった箱も，山の上にのせて，まん中に集めましょう。」

「ほら，こんなに大きな空き箱の山になりました。」

「それでは，これからみんなで，かわりばんこに1人1個ずつ，この山から，箱を取っていくことにしましょう。」

「どこから，どの箱を取ってもいいですが，ひとつだけ，お約束があります。」

「箱を取るときは，絶対に，ほかの箱を動かしてはいけません。自分が取りたい箱だけを，そーっと，やさしく取りましょう。」

「もし，ほかの箱がちょっとでも動いてしまったら失敗です。」

「失敗した人は，すぐに箱から手を離して，次の人と交替してください。成功した人は，取った箱を先生のところまで持ってきてくださいね。それから，次の人と交替します。」

「こうやって，1人ずつかわりばんこに，空き箱の山がなくなるまで続けましょう。」

「まわりのお友だちは，箱が動かないか，よく見ていてくださいね。動いたときは，教えてください。」

先生とお母さんへ

　この遊びの前に，空き箱に色紙を貼りつけるなどして，装飾する活動をおこなってください。人や動物の顔もいいでしょう。

　慎重に息をひそめて，競技を楽しむ雰囲気を作ってください。

　人数によっては，2チームに分けて競争させます。

　成功した子は，取った箱を手に持ったまま，次の箱に挑戦できるというルールにもできます。ただし，途中で手に持っている箱を落としてしまったときは失敗です。

　慣れてきたら「片手だけで取る」「親指と人差し指だけを使う」というような制限をつけてもいいでしょう。

25 忘れっこなしよ

　いすの上のカードを，置かれた順番どおり集めてくる，記憶力と体力を使う遊びです。

　「みなさん，横1列に並んでください。」
　「そこに，いすが5つ並べてありますね。そして，先生の手には5枚の白いカードがあります。」
　「今から一番先頭に並んでいるお友だちに，この5枚のカードをわたします。カードをわたされた人は，カードを1枚ずつ，端から順番にいすの上に置いてきてください。」
　「カードを置きおわったら，列の最後についてくださいね。」
　「では，次のお友だちは，いすの上のカードを全部集めてきて，先生にわたしてください。」
　「はい，スタート。」
　「そうです，簡単ですね。では，列の最後についてください。」

　「では，次にカードを置く人は，端から順番に置くのではなくて，最初はここ，次はあっちというように，自分の好きな順番で，1枚ずつカードを置いてきてください。」
　「同じいすに，2枚カードを置いてはいけませんよ。1つのいすに，1枚ずつ置いてきてください。」
　「まわりのお友だちは，よく見てカードの順番を，しっかり覚えておいてください。」
　「はい，スタート。置きおわったら，列の最後についてね。」

「さあ，ここからが大変です。」

「こんど，カードを取りにいくお友だちは，前の人が置いた順番どおりに，カードを集めてきてください。」

「ちゃんと覚えていますか？ まわりのお友だちは，まちがいなく集められるか，見ていてくださいね。もし，まちがったら，教えてあげましょう。」

「では，取ってきてください。スタート。」

「はい，まちがいなくできたようですね。」

「では，もう少しむずかしくしてみましょう。今までまっすぐに5つ並んでいたいすを，こんどは，ばらばらに置きかえます。順番を覚えるのが，ちょっと大変になりますよ。」

「さあ，前の人と同じように，カードを置いてきてください。」

「ほかのみんなは，しっかり順番を覚えてね。」

先生とお母さんへ

最初のうちは，先生が1回ずつカードを受け取り，順番がまちがっていなかったか，みんなに確認するようにしましょう。

慣れてきたら，カードをバトンがわりに，リレー形式で進めます。

いすの間隔を広くすると，運動量の大きい遊びになります。

じょうずに遊べるようになったら，いすとカードの数を増やしてみましょう。

26　グルグルまき

　いすの足にロープの片側を結び，走りながらロープをいすにまきつける競争をします。

　「ここに，とっても長いロープがあります。」
　「お部屋のまん中に，大きないすを置いて，このロープの端を足の1本に結びます。」
　「では，誰か反対側のロープの端を持ってください。そして，ロープがたるまないように，いすから離れましょう。」
　「そのまま，ロープを持っていすのまわりを，グルグルまわってみましょう。どうなるかな？」
　「あらら，いすの足に，ロープがまきついていきますね。」
　「ロープが，どんどんどんどん短くなって，最後は，全部まきついてしまいました。」
　「はい，お疲れさまでした。目がまわっちゃったかな？　いすに座って休んでもいいですよ。」

　「では，同じようにロープを結んだいすを，もう1つ用意します。ロープの長さは，どちらも同じですよ。」
　「さあ，こんどは，2人ずつ競争をしてみましょう。」
　「どちらが早く，ロープを全部いすにまきつけられるかな？　先に早く全部まきつけた人が勝ちですよ。」
　「でも，急ぎすぎてロープを強くひっぱると，いすが動いて，ロープがほどけてしまいますから，気をつけてくださいね。」

Ⅱ　5，6歳児のゲーム

「それでは，用意，ドン！」
「グルグルまわれ，急いでまわれ！」
「ロープがたるんではダメですよ。」
「急げ！　急げ！」

先生とお母さんへ

　ロープの長さは，10メートルくらいあるといいでしょう。途中でぶつかってしまうことのないよう，場所の広さに合わせて，調整してください。
　1度まきつけたら，次はまきもどす競争もできます。
　いすのほかに，つくえや箱なども利用できます。
　野外であれば，木やジャングルジムなども使って，運動量の大きい遊びにしてみましょう。
　逆に，小さな箱に長いひもをつけて，手でまくようにすれば，全員で同時に競争できます。
　アイディアを加えて，楽しい遊びに発展させてください。

27　トンガリぼうや

円錐形の人形を，2人1組で重ねたり，取ったりする遊びです。

「ここに，へんてこな形の色画用紙があります。」

「この紙の端っこに，のりをつけて，こうやって丸めて貼りつけると，あら不思議，小さな三角帽子になりました。」

「こんどは，画用紙にお目々を描いて，はさみで切り抜いて，さっきの三角帽子に貼りつけてみます。」

「そうすると，ホラ，かわいいトンガリぼうやのできあがりです。」

「みなさんに，色違いの画用紙を配りますから，先生と同じようにして，1人5つずつ，トンガリぼうやを作ってください。」

「かわいい，お目々を描いてあげてくださいね。」

「みなさん，5つずつできましたね。」

「では，2人組になって，向かい合わせに座ってください。」

「これから，先生の歌に合わせて，トンガリぼうやを，2人で交互に机の上に置いて，重ねていきましょう。」

「最初にトンガリぼうやを出す人は，ジャンケンで決めましょう。」

「最初の人が１つ出したら、その上に１つずつ、スポッとかぶせてくださいね。」

「じゃあ、歌いますよ。」

〈10人のインディアン〉のメロディをまねて、歌ってください。

「♪１人、２人、３人来ました。４人、５人……10人来ましたよ。」

「10人のトンガリぼうやが机の上に、重なりましたか？　まだ、手に持っている人はいませんね。」

「では、こんどは、重なったトンガリぼうやを、交互に取っていきましょう。」

「♪１人、２人、３人帰り、４人、５人、６人帰り……１人になりました。」

「さあ、机の上に１人だけトンガリぼうやが残っていますか。うまくできた人は、手をあげてください。」

「たくさん、手があがりましたね。簡単でしたか？」

「では、こんどは、もっと速く歌いますよ。」

「あわてて、トンガリぼうやを、つぶしたり落としたりしないように、気をつけてくださいね。」

先生とお母さんへ

円錐形はあえて大きめにして、子どもの手には多少つかみにくい大きさにしてください。歌の速さに合わせて、トンガリぼうやをこわさないように、重ねたり取ったりと、苦心させましょう。

子どもたちがなれてきたら、歌ではなく、オンブ（重ねる）、タッチ（取る）といったかけ声をきめて、２人で交互に重ねたり取ったりさせると、いっそう楽しくなります。

28 ロード ローラー

2人1組になり，しゃがんだ1人を引っぱって競争します。

「2人1組になって，向かい合ってください」
「ジャンケンをして，勝った人は，その場にしゃがんでください。」
「かかとをおろして，おしりは下につかないようにして，しゃがみますよ。」
「そのまま，向かい合って立っているお友だちと，しっかり両手をつないでください。」
「立っている人は，両手をつかんだまま，しゃがんだ人を引っぱって進んでみましょう。」
「しゃがんでいる人は，転ばないように，しっかりバランスを取ってくださいね。」

「では，向こうの線のところまでいってみましょう。」
「まっすぐ進めますか？　進み方が曲がってしまったら，しゃがんでいる人が，教えてあげましょう。」
「線のところまでいったら，しゃがむ人と引っぱる人を交替して，戻ってきてください。」

Ⅱ 5，6歳児のゲーム

「うまくできるかな？　しばらく練習してみましょう。」

「うまくいかない人は，じょうずにできている人に，やり方を聞いてもいいですよ。」

「はじめは，ゆっくり進みましょう。なれてきたら，少しずつ速く進んでくださいね。」

「では，いよいよ，みんなで競争をしてみましょう。」

「この線からスタートして，向こうの線までいったら，交替して元のところまで，戻ってきてください。」

「早く戻ってきた組が勝ちです。」

「準備はいいですか？」

「では，用意，スタート！」

先生とお母さんへ

腕を強く引きますので，脱臼などの癖のある子は，事前に把握しておいてください。

足にソリになるようなもの（厚紙や板など）をつけると，すべりやすくなります。

かかとをつけたまましゃがむことが，苦手な子どもが増えているようです。競争ができるようになるには，時間がかかるかも知れません。子どもたちの様子を見ながら，進めてください。

少しアレンジして，次のようにしてもいいでしょう。

2人に1つずつ，ダンボール箱を用意します。1人がおしりをすっぽりダンボール箱に入れて座り，両足を前に出します。その両足を，立っている子が，両手でしっかりつかんで，ダンボール箱を引きずるようにして進みます。

ダンボール箱は，ガムテープなどで，底を補強しておきましょう。

29 どちらが多く知ってるか

　動物や植物，虫や魚など種類を指定して，知っている名前の数を競い合う遊びです。

　「みなさんは動物や植物の名前を，いくつくらい知っていますか。」
　「10ぐらい？　20？　もっとですか。」
　「では，今日は誰が一番よく知っているか，競争をしましょう。」

　「では，2人組になってください。」
　「最初に，2人でジャンケンをします。勝った人は，負けた人に何の名前を言ってもらうか決めることができます。」
　「たとえば，勝った人が『動物』といったら，負けた人は，ゾウとか動物の名前を1つ言わなくてはいけません。」
　「言われた種類の名前を言えなかったら，負けになります。」
　「言えた人はセーフです。もう一度，ジャンケンをしましょう。」
　「ジャンケンに勝った人は，何の名前を言うか決めることができます。さっきと同じように『動物』でもいいし，ほかの種類に変えてもいいですよ。」
　「でも，1度どちらかが言った名前を，2度言ってはいけません。」
　「たとえば『動物』のときは，さっき言ったゾウは，もう言えません。別な動物の名前を思い出して，言いましょう。」
　「動物，魚，くだもの，お花，いろいろな種類がありますね。」
　「さあ，みんなでやってみましょう。」

「みんな，いろいろな名前をよく知っていて，なかなか，勝負がつかないみたいですね。」

「では，ちょっとむずかしくしてみましょう。」

「こんどは，ジャンケンで負けた人は，グーで負けたら1つ，チョキで負けたら2つ，パーで負けたら5つ，名前を言わなくてはいけないことにしましょう。」

「少ししか知らないからといって，グーばかり出していると，ジャンケンに勝てなくなってしまいますよ。」

「作戦を考えながら，ジャンケンをしましょう。」

「答えが思いつかなくて，黙っていても負けになりますよ。答えを待っている時間を決めておきましょう。そうですねぇ，ジャンケンに勝った人が，ゆっくり10まで数える間に，答えることにしましょう。」

先生とお母さんへ

答えられなくても，ほかの種類なら言えることもありますから，1種類だけ，パスする機会をあたえてもいいでしょう。

30 バリ バリ バリ

　大きなポスターをグループで破り、ジグソーパズルの要領で、元のように並べ直します。

　4,5人で1組のグループでおこないます。
　「大きなポスターがあります。これをグループに1枚ずつ配ります。もう、いらなくなったポスターですから、先生が合図をしたら、みんなで破いてしまいましょう。」
　「先生が10まで数えるうちに、できるだけたくさん破いてください。いくつ破くことができるか競争ですよ。」

　「用意、スタート！　1,2,3,4……,10,はい、やめ。」
　「どのグループも、たくさん破れましたね。では、グループごとに、いくつに破れたか、数えてみましょう。」
　「一番、たくさん破れたグループが勝ちです。」
　「バンザーイ！」

　「でも、まだゲームは、おわっていませんよ。」
　「こんどは、グループごとに、いま自分たちで破いた紙を並べて、元のポスターに戻してください。」
　「さあ、一番早いのは、どのグループでしょう。たくさん破ったグループほど、戻すのが大変ですね。がんばってください。」
　「では、用意、スタート！」

Ⅱ　5，6歳児のゲーム

先生とお母さんへ

　ポスターは，全面に絵柄がある裏が白いものを，選んでください。

　大きめのカレンダーでも代用できます。新聞紙や両面に印刷されたポスターでは，むずかしいでしょう。

　戻せなくなるくらい，小さく破ってしまうことのないよう，子どもたちの様子を見ながら，数える速さを調整してください。

　たくさん破ったグループほど，戻すのが大変になるのが，おもしろいところです。

31　お目々でモグモグ

　ものを食べたり，笑ったり，いつも口を使ってしていることを，目を使って表現してみましょう。

　「みんな，ものを食べたり，笑ったりするときに，お口を開けたり，閉じたり，モグモグしたりしますね。今日はそれを，お口のかわりに，お目々でまねをしてみましょう。」
　「ではまず，お目々をつぶってください。それから，『ふぁあ～』と，あくびをしてみましょう。」
　「お目々をゆっくり開けて，あくびのまねです。」
　「あくびをするとき，お口を開けますね。お目々をちょうどそんな感じに動かしてみましょう。」
　「次は，『ふぁあ～あ～，あ～』と，大あくびです。お目々をいっぱい開けてくださいね。」
　「そのまま，となりのお友だちの顔を見てみましょう。すごい顔ですね。誰ですか，声を出して笑っているのは。今日は，お目々で笑いましょう。」
　「アハハハハって，お目々は，どう動かせばいいでしょう？」

　「こんどは，お菓子をパクリ！　モグモグ食べてみましょう。モグモグするとき，お口はどんな風に動くかな？　よく思い出して，お目々でモグモグしてみましょう。」
　「次は，隣のお友だちと早口でおしゃべりしてみましょう。お目々がパチクリ，開けたり閉じたり，忙しいですね。」

Ⅱ　5, 6歳児のゲーム

「あっ, 大きなスイカが出てきました。どうぞ, めしあがれ。ここにはないけどあるつもりでね。はい, アングリ, ガブリ, ペロペロ……。」

「次は, くしゃみです。」

「ハックション！」

「せきも出てきました。お風邪をひいたみたいです。」

「ゴホゴホ, ゴホ……。」

「注射は, 嫌だよう, エーン, シクシク……。」

「みなさん, じょうずにお目々を動かせるように, なりましたね。では, 隣のお友だちと, お目々で楽しくおしゃべりしてみましょう。」

「相手のお目々のしゃべることをよく聞いて, お目々でお返事しましょう。でも, 声を出してはいけませんよ。」

先生とお母さんへ

　表現力を引き出す遊びです。ゼスチュアのおもしろさを, 別の角度から研究しましょう。口がどのように動くかを, よく思い出させながら, 目でまねをさせてください。

32　動物輪投げ狩り

粘土で作った小さな動物を並べて，輪投げ遊びをします。

「今日は，粘土を使って，小さな動物をたくさん作ってみましょう。みなさん自分の好きな動物を作ってください。いくつ作ってもいいですよ。」

「トラさん，ゾウさん，キリンさん，ブタさん……，たくさんできましたね。では，こんどは，この動物さんたちが遊べる公園を作ってあげましょう。」

「先生がこれから，この長いロープを使って，床に輪をつくります。輪の中を，動物さんたちの公園にしましょう。」

「公園には，草や木があったほうがいいですね。色画用紙がありますから，切り抜いて作りましょう。できたら，セロハンテープで床に立たせますよ。」

「さあ，公園に野原ができました。動物さんたちを，好きなところに置いてください。公園の中なら，どこでも構いませんよ。広々とした公園いっぱいに，置いてあげましょう。」

「自分の作った動物を全部置いたら，みなさんは，公園の外に出てください。ロープの輪にそって，1列に並びましょう。」

「本当に，いろいろな動物がたくさんいますね。お友だちが，どんな動物を作ったか，よく見てみましょう。」

「では，これからみなさんに，公園の中の動物を，つかまえてもらいますよ。」

「えっ，そんなの簡単ですって？」

「でも，手でつかまえるのではありませんよ。この針金で作った輪を投げて，輪が動物の中に，すっぽりかぶさったら，つかまえたことにします。」

「みなさんは，公園の中に入ってはいけません。ロープの外から，よくねらって輪を投げてください。」

「1人1つずつ輪を配ります。輪をもらったら，ロープの輪にそって，並びましょう。」

「では，先生が動物の名前を言いますから，それを聞いたら，その動物が，どこにいるかさがして，輪を投げてつかまえてください。」

「同じ動物が，いくつもいるときは，どれをつかまえてもいいですよ。どの動物の名前を言うか，よく聞いてくださいね。」

先生とお母さんへ

輪の直径は，15センチくらいがいいでしょう。動物がその中に入るように，1つの動物を作る粘土の量を，決めておくといいでしょう。

人数が多いときは，どの輪がどの子のものか，すぐわかるように，リボンなどで，1人ひとりの目印を付けておきます。

動物のかわりに，絵や文字をかいた立体物を使えば，子どもの発達に合わせた学習にも応用できます。

33　お月さまあがった　さがった

　表現活動を交えた，運動遊びです。身体を動かす前の準備運動にも使えます。

　「みなさん，いいですか。これから先生と同じように，動きをまねしてください。」
　「まずは，頭の上で，丸い輪を作ります。」
　「はい。みんないっしょに。まん丸，お月さまです。」
　「こんどは，その両手で作った輪を，しぼませながら，ゆっくりおろして，ひざを曲げて小さくなって，ひざの間に両手をはさみます。」

　「みんな，できましたね。では，もう一回あがっていきましょう。」
　「ひざの間の手を，上にあげながら，ひざをのばして，最後は，まん丸，お月さまです。」
　「はい，良くできました。もう覚えましたね。」
　「では，先生の言葉に合わせてやってみましょう。先生が『お月さま，あがった』といったら，頭の上で輪を作ります。先生が『お月さま，さがった』といったら，手をひざの間に入れましょう。」

　「では，やってみましょう。」
　「お月さま，あがった。」
　「お月さま，さがった。」
　「さあ，だんだん，早くなりますよ。転ばないように。」
　「お月さま，あがった，お月さま，さがった……。」

Ⅱ　5，6歳児のゲーム

先生とお母さんへ

　だんだん早くしたあと，突然ゆっくりにしたり，「お月さま，さがらない」といって戻ったり，変化をつけて楽しんでください。
　「お月さま，さがった」を，両腕の輪の中に両ひざを閉じて入れて，抱えるようにする動きと，ひざの間に両腕をはさむ動きの2種類にしてもいいでしょう。
　先生がどちらの動きで，しゃがむかよく見て，まねをするようにします。

34　タコの上でタコ釣り

運動会などにも使える，運動量の多い遊びです。

「お庭を見てください。不思議な絵が描いてありますよ。何の絵かわかりますか。」

「これは，大きなタコを上から見たところです。まん中の大きな丸が頭で，頭からでている8本の線はタコの足です。足についている小さい丸は，タコの吸盤ですよ。」

「これから，タコの頭の中に，紙に描いた小さなタコの絵を，いっぱい置きます。」

「みなさんには，1人1本ずつ釣り竿をあげますから，みんなでタコ釣り競争をしてみましょう。」

「はじめに，タコの足についている一番端の小さな丸に立ちます。先生が『用意，ドン！』と言ったら，小さな丸を右，左と，タコの頭に向かって，ケンケンで進んでいきます。」

「タコの頭についたら，釣り竿をうまく使って，タコを1匹釣ってください。手を使ってタコをつかまえてはいけませんよ。釣り竿で釣りあげましょう。」

「タコが釣れたら，こんどは1本線にそって，元の小さい丸まで走って戻ります。」

「一番早く，タコを釣って戻って来た人が勝ちですよ。では，やってみましょう。最初の位置についてください。」

「用意，ドン！」

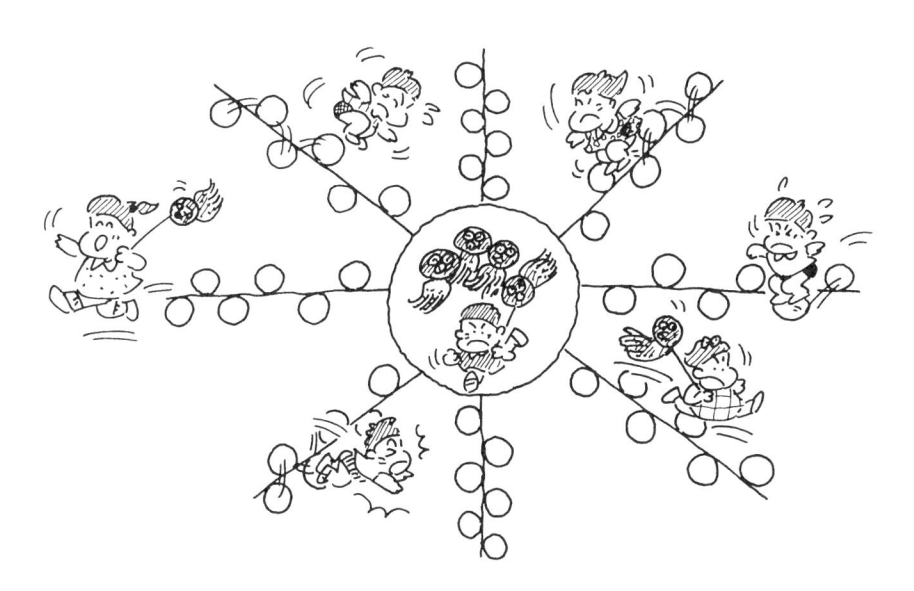

先生とお母さんへ

　片足飛びだけで往復させる，あるいは一定時間内に1人で何匹釣れるかといったルールに変えることで，運動量を調整できます。
　小さな丸の間隔を広げ，両足で次の丸にジャンプさせてもいいでしょう。
　人数が多いときは，グループごとにリレー形式で競わせるか，足の線を増やすことで対応できます。
　釣り竿は，ラップ芯などがいいでしょう。釣り竿を持ったまま，走りまわりますので，あまり大きすぎないようにしてください。
　釣り竿の先に，短い糸で磁石をつるし，画用紙に描いたタコに，クリップなどをつけておけば，簡単に釣りあげることができます。
　ゲーム性を高めたいときは，フックで引っかけて，釣るようにしましょう。

35　楽器あてゲーム

目かくしをして，音だけを聞き，どの楽器の音かあてる遊びです。

「お部屋のまん中に，いろいろな楽器が置いてありますね。」
「みなさん，楽器のまわりに輪になって座ってください。これから楽器あてゲームをしますよ。」
「1人ずつ，目かくしをして，順番にあててもらいます。最初の鬼をやってくれる人は，手をあげて。」
「じゃあ，あなたから，やってもらいましょう。」
　鬼は，時計まわりで1人ずつ順番に，交替するようにします。

「ほかのみなさんは，鬼さんが目かくしをしている間に，楽器を1つ持って，先生のピアノに合わせて，リズム打ちをしましょう。」
「そうですね，最初はこの楽器にしましょう。」
「鬼さんは，目かくしをしたまま，よく聞いてください。」
「では，みんなで鳴らしてみましょう。1,2の3,はい。」
「鳴らしおわったら，楽器をもとに戻しましょう。」

「さあ，鬼さん目かくしを取ってください。」
「今，鳴っていた楽器は何だったでしょう？」
「タンバリン？」
「そうです。正解です。よく分かりましたね。」
「みなさん，拍手！」
「では，次の鬼さんは，目かくしをしてください。」

Ⅱ　5，6歳児のゲーム

先生とお母さんへ

　最初は1種類ずつ，慣れてきたら，2種類，3種類の楽器を同時に鳴らして，あててみましょう。

　楽器の鳴らし方を子どもたちの自由にさせると，同じ楽器でも，鳴らし方に変化が生じておもしろくなります。

　楽器を鳴らす子どもを1人だけにして，音の聞こえてくる方向から，誰が何の楽器を鳴らしていたか，あてるようにすると，難度が高いゲームになります。

　楽器の音が分かるようになったら，窓を開ける音，ドアをたたく音，ごみ箱が倒れた音など，身のまわりにある音を，あてるようにしてもいいでしょう。

〈日本創作ゲーム協会〉

■監　修　　豊田君夫　　村上幸雄
■編　集　　石田泰照
■執筆者（アイウエオ順）

石田泰照	池田輝樹	今井弘雄	久保たかし	毛塚　勝
関　益久	多志賀明	豊田君夫	村上春夫	村上幸雄
横山幸博				

■協　力（日本創作ゲーム協会タンポポ会有志）

| 青木美知子 | 浅野律子 | 伊藤佳子 | 清塚好子 | 木場令子 |
| 斎藤一枝 | 西尾加津子 | 福田三枝子 | 村上恵子 | 若井静枝 |

■イラスト　中村美保・伊東美貴

先生の言葉かけで進める
3・4・5歳児の室内・室外ゲーム70

2011年11月25日　初版発行

編著者　　日本創作ゲーム協会
発行者　　武馬久仁裕
印　刷　　藤原印刷株式会社
製　本　　協栄製本工業株式会社

発 行 所　　株式会社　黎明書房

〒460-0002　名古屋市中区丸の内3-6-27　EBSビル
☎052-962-3045　FAX 052-951-9065　振替・00880-1-59001
〒101-0051　東京連絡所・千代田区神田神保町1-32-2
南部ビル302号　☎03-3268-3470

落丁本・乱丁本はお取替します。　　ISBN 978-4-654-05925-6
© Nihon sosaku gemu kyokai 2011, Printed in Japan

原坂一郎の幼稚園・保育園のクラスづくり
スタートダッシュ

原坂一郎著　A5・110頁　1600円

幼稚園・保育園の先生なら誰もが望む「すばらしいクラス」づくりは，4月のスタートダッシュが肝心。新年度のスタートをうまく乗り切り，誰もが望むすばらしいクラスをつくるノウハウを公開。

子どもが笑う！　クラスが笑う！
保育のお笑いネタ50

原坂一郎著　B6・119頁　1300円

黎明ポケットシリーズ④　クラスの子どもたちを一斉に笑わせたいとき，目の前の子どもを笑わせたいときなどに使える，どの子も笑顔になれる保育のお笑いネタ50を紹介。

魔法の体育指導法60
とび箱・なわとび・鉄棒・マット・ボール・平均台・集団あそび

斎藤道雄著　B6・95頁　1200円

黎明ポケットシリーズ③　子どもたちが無理なく運動ができるようになる指導のポイントを，子どもの叱り方や子どもの人間性を育てる指導等も含めわかりやすく紹介。じょうずに教える10のヒントも併録。

こう言えば子どもがじょうずにできる
魔法のことば40

斎藤道雄著　B6・100頁　1200円

黎明ポケットシリーズ②　子どもたちがルールやマナーの本当の意味を考え，自分で気づき行動できるようなことばのかけ方を紹介。前転やとび箱等がじょうずになる，子どもを成功に導くことばもあります。

子どもを動かす魔法のゲーム31
付・じょうずに子どもを動かす10のヒント

斎藤道雄著　B6・93頁　1200円

黎明ポケットシリーズ①　子どもたちの興味をひきつけるゲームを使って，楽しく遊んでいる内に，あとかたづけをしたり，口を閉じて静かにしたりできる「魔法のゲーム」31種を紹介。

3・4・5歳児の
考える力を楽しく育てる簡単ゲーム37

斎藤道雄著　A5・97頁　1700円

子育て支援シリーズ⑧　子どもたちの観察力・判断力・集中力等を楽しくのばすゲーム37種を紹介。考えさせるヒントやアドバイス，「考えさせるのに質問を利用する」等の役に立つエッセイ付き。

集会・行事・運動会のための
体育あそび大事典

三宅邦夫著　B5上製・326頁　5800円

準備のいらないゲーム，ボール・あきカン・あきビン・ふうせん等を使ったゲーム，指遊び・手遊び・リズム遊び，異年齢児の集団ゲーム，運動会のゲーム等，幼児からシニアまでみんなで楽しめる631種を収録。

表示価格は本体価格です。別途消費税がかかります。

山崎治美の楽しいわらべうたあそび集
楽しさ伝わる著者の歌声CD付き

山崎治美著
B5・100頁　2200円

世代を超えて楽しめるわらべうた・あそびうたを，著者ならではのテイストを添えて紹介。実際の遊びの雰囲気が伝わる，聞くだけでも楽しい山崎先生の歌唱CD（28タイトル全29曲すべて収録）付き。

乳幼児のリトミックあそび
はじめの一歩

芸術教育研究所監修　津村一美著
B5・96頁　1900円

保育のプロはじめの一歩シリーズ⑤　「今日は何を食べたの？」等，日常生活で体験したことを題材にしたり，子どもの大好きな絵本や歌を使った，0歳からできるリトミックあそびを紹介。

みんなで笑えるゲーム101

まき・ごろう著
A5・112頁　1400円

子どもと楽しむゲーム⑪　なにも準備していなくてもその場ですぐできる，みんなで笑って楽しめるゲームを101種掲載。各ゲームには対象年齢を表示。コツや応用方法などのアドバイスも掲載。

あそんで学ぶ数・形

グループこんぺいと編著
A5・93頁　1600円

幼稚園・保育園の学びシリーズ①　楽しみながら，数や形が身につくアイディアがいっぱい。数・形であそぶためのカンタン教材の作り方，教材を使ったあそび方も紹介。

あそんで学ぶ文字・言葉

グループこんぺいと編著　中島千恵子執筆
A5・93頁　1500円

幼稚園・保育園の学びシリーズ②　あそびながら，文字・言葉にたくさんふれられる年齢別のアイディアがいっぱい。簡単に作れて子どもが喜ぶ，文字・言葉の手作り教材も紹介。

木曽健司のクラスだより・園だより集
&給食だより・保健だより

木曽健司著
A5・132頁　1500円

木曽健司のオリジナルカットシリーズ①　適当な大きさにコピーして書き込むだけで，心にとどく手づくりおたよりが完成。月ごとの季節のイラストや題字も掲載。巻末に文章例も収録。

木曽健司の季節・行事・お約束カット集
&あいうえおカード

木曽健司著
A5・128頁　1500円

木曽健司のオリジナルカットシリーズ②　季節のイラスト，行事のイラスト，園でのお約束等のイラストがいっぱい。カルタにもなる「あいうえおカード」もコピーでかんたんにすぐ作れます。

表示価格は本体価格です。別途消費税がかかります。